# キリスト教からよむ世界史

関 眞興

キリスト教からみる世界史

柴田純一

cdh
中央文芸社

# まえがき

半世紀以上も前、知り合いから聖書を貰いました。

私は聖書の「罪なき者、石をもて打て」という一言が印象深く、忘れられません。「ヨハネによる福音書」にある、姦通の罪を犯した女性がイエスの元に連れてこられた場面です。民衆は彼女を批難し、石を投げようとしています。そこでイエスが言った言葉が、冒頭の一言です。民衆は三々五々その場を去ったという展開に心を打たれました。

福音書に収録されたこのエピソードには脚色もあることでしょう。当時の状況判断で、非難しづらくなってその場を去った人もいるかもしれません。

罪を犯さない完璧な人間など存在しません。より良いものを求めてささやかでも努力を惜しまない努力を続けることが必要なのではないかと思います。

キリスト教の中核には聖書があります。多くの人が聖書を、より良い生き方の指針にしたと思います。もっとも、聖書は2000年近く前に書かれた書物で、現在では不合理な記述も指摘されてきているようです。これらを全て否定してしまうことは簡単にできますが、聖書を材料に、物事を考えることも大切ではないかと思います。

キリスト教の歴史には、政治権力闘争といってしまった方がスッキリできるような場面が多くあります。しかし、政治の世界でも、やみくもに合理主義を突き進み意思決定を行うというのは考えものです。一方で教会の側も、社会の変化に応じた新しい考え方が必要になってくるでしょう。

本作は、筆者の個人的な興味をもとに構成してみたものです。全体の構成は少しだけ自負したいのですが、自身の不十分な理解から、この事項を省略していいのだろうか、もう少し詳細な記述を加えた方がいいだろうか、と思うところもありました。どうして簡単にけりをつけなかったのかと、当時の教会のあり方に疑問を覚えたこともあります。

しかし、その一方で、キリスト教の歴史と伝統の重みのようなものがひしひしと感じられ、何かを変えるというのは本当に大変なことなのだと思い知りました。

この本が読者の皆様の生きる指針になってほしいというような大それた気持ちは全

くありませんが、何かを考えていただく一助にでもなれば、それ以上の喜びはありません。

# 目次
Contents

図版・DTP マーリンクレイン

# 第1章

# キリスト教誕生前夜

## ユダヤ人と『旧約聖書』の時代

キリスト教は今から２０００年ほど前に誕生しました。それは突然に生まれたわけではなく、誕生するまでに、さらに１５００年以上もさかのぼるユダヤ人の歴史が存在します。その頃のユダヤ人は、周辺諸国の戦乱に巻き込まれ、時に国を失うこともありました。その中でユダヤ教が形成され、紀元前後、ローマ帝国の支配下で、ユダヤ人たちは切実に救世主と独立を求めていました。

# ユダヤ教の始まりとモーセの「十戒」

キリスト教から世界史を語るにはまず、ユダヤ人とユダヤ教の始まりを説明する必要があります。ユダヤ教がキリスト教の起源ともいえるものだからです。

前1500年頃、地中海東岸のパレスチナ地方に、ユダヤ人の先祖にあたるヘブライ人が住んでいました。彼らは唯一神ヤハウェを信仰していました。

当時の古代オリエント（メソポタミア・エジプト周辺。日が昇るところの意味）地域では、豊かな実りや、病気の退散や治癒、戦争の勝利といったものをつかさどる、複数の神々が信じられていました。

ヘブライ人が信仰するヤハウェは、古代オリエントの神々とは異なった性格を持っていました。後の時代に編纂されるユダヤ教の聖典『聖書（旧約聖書）』の初め、「天地創造」に描かれているように、6日間で人類も含め宇宙の全てを創った創造神です。また「ノアの方舟」のエピソードからは、堕落した人類を大洪水で一挙に滅ぼしてしまえるほどの力を持った、恐ろしい破壊の神でもあることがうかがえます。

飢饉などの影響を受け、ヘブライ人の一部がエジプトに移り住みました。エジプトでの生活は、ヘブライ人には酷いもので、彼らは奴隷同然で厳しい労働を課せられていました。

このようなヘブライ人を、前13世紀頃にエジプトから「脱出（エクソダス）」させたのが預言者モーセです。

ユダヤ教はヘブライ人とヤハウェとの契約から始まります。ヤハウェがヘブライ人を守り、救済してくれることを約束し、シナイ山でモーセに与えた10の掟が「十戒」です。これは、ヤハウェ以外の神の崇拝禁止、偶像崇拝の禁止、神の名をみだりに唱えることの禁止、殺人や窃盗の禁止といった戒めでした。

十戒を授かったモーセに導かれ、エジプトを「脱出」したヘブライ人たちは、パレスチナを目指します。

そのパレスチナで前１０００年頃、ダビデ王が国家を建設します。続くソロモン王の時代に古代ヘブライ王国は最高の繁栄期を迎え、エルサレムには「神殿」が建設されました。しかし、ソロモン王の死後、ヘブライ人の国家は、北のイスラエル王国と南のユダ王国に分裂しました。

パレスチナは南西にエジプト、北東にメソポタミア、さらには北西には小アジアがあり、それぞれに強大な国家が興亡します。これらの国家との複雑な関係の中で、ヘブライ人国家の歴史が展開しました。

前9世紀に成立したアッシリア帝国はエジプトまでを支配下に入れますが、ヘブライ人はアッシリアへ服従することで、体制を維持しました。

## バビロン捕囚によって『旧約聖書』が生まれた

ユダ王国の人々がバビロニアに連行された「バビロン捕囚」（前597～前538）が有名ですが、アッシリアに滅ぼされたイスラエル王国の人々も、アッシリアの各地に「捕囚」されます。そのとき、多くのヘブライ人がユダ王国に逃れました。アッシリアに捕らわれた人々の消息がよくわからなくなったこともあり、ユダ王国の人々がヘブライ人の伝統を引き継ぐことになりました。彼らが一般に「ユダヤ人」と呼ばれるようになるのです。

このときユダ王国が滅ぼされず、生き延びることができたのは、ユダの国王がアッシリアの属国になることを認めたからです。

バビロン捕囚を経験したユダヤ人は、反省を込めて歴史を振り返ります。神との契約を破った場合には、神による厳しい罰が与えられますが、ユダヤ人にとって、最初の国家が滅ぼされたのは、神の忠告を聞かなかった堕落したユダヤ人に対する神の「罰」であると考えました。

バビロン捕囚中、国家の指導者たちは厳しく監視されましたが、多くのユダヤ人は比較的自由な生活を保障されていたと考えられます。

これは、『聖書(旧約聖書)』がバビロン捕囚後の前4世紀~前2世紀頃にある程度編纂されたと考えられるからです。つまり、ユダヤ人はシナゴーグ(ユダヤ教の会堂)に集まることができたことから、ある程度の自由があったものと説明できます。

多くのユダヤ人が、アケメネス朝ペルシア帝国によって「解放」された後もバビロンに残ったのも、そのためかもしれません。この時代に、ユダヤ人は改めて自分たちの宗教を練り上げていきました。

ユダヤ教の教義の詳細には触れませんが、ヤハウェとの契約を守るユダヤ人だけが

■イスラエル王国・ユダ王国時代の諸都市

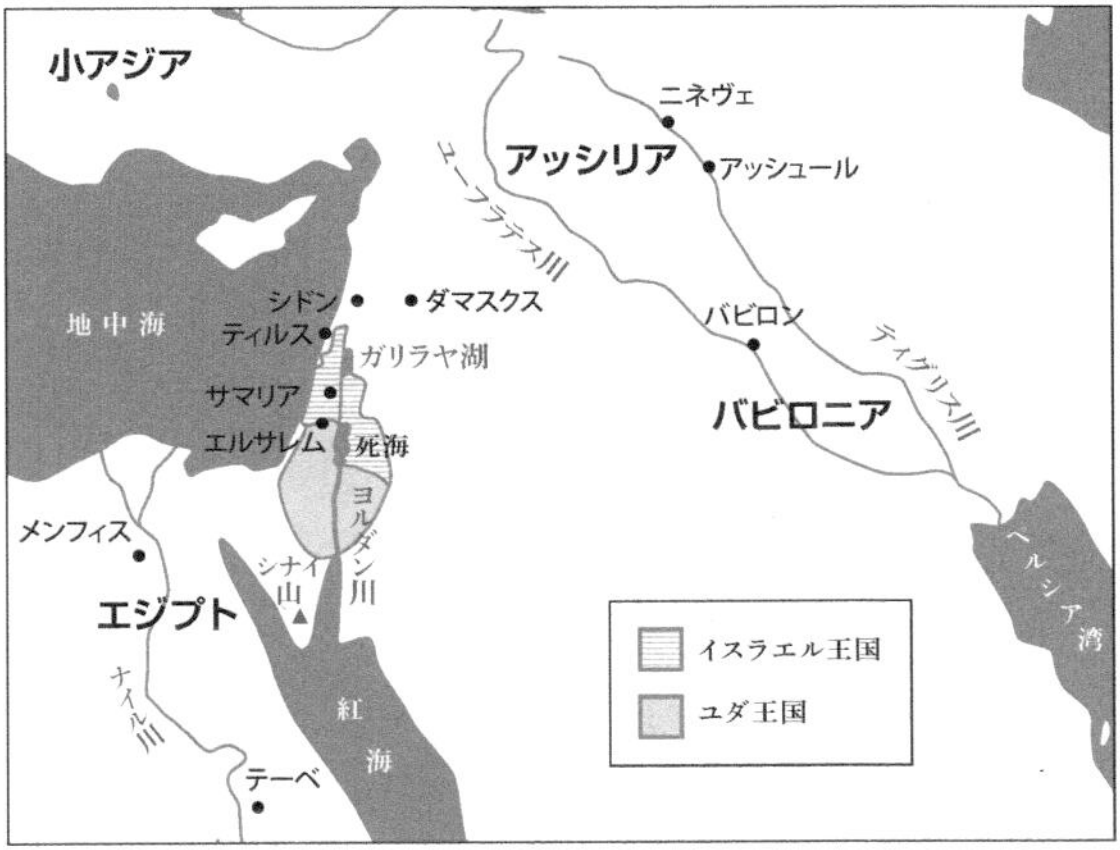


選ばれた民であるという「選民思想」と、信者を救済してくれるものが現れるという「救世主（メシア）信仰」は、後のキリスト教に大きな影響を与えています。

ところで、キリスト教の聖典である『聖書』は『旧約聖書』と『新約聖書』からなります。キリスト教の視点では、旧約は神との旧《ふる》い契約、新約は新しい契約を意味しています。

ユダヤ教では『旧約聖書』は聖典であり、「旧約」という表現は用いず、『聖書』としています。また、イスラム教では『旧約聖書』『新約聖書』それぞれの一部を啓典としています。

アケメネス朝初代国王のキュロス2世に帰還が認められたユダヤ人（4万数千人とされています）はパレスチナに戻り、エルサレムの復興を開始します。

第3代国王ダレイオス1世の支援もあり、新バビロニアによる第1神殿の破壊から70年目にして神殿が再建されました。これを第2神殿といいます。

このようにペルシア人がユダヤ人を保護したのは、自分たちはアッシリア人やカルデア（新バビロニア）人とは異なる、寛大さを持った民族であるということを示したかったからとも考えられます。ユダヤ人の中には、ペルシア人に協力し、軍役を果たした者も多かったようです。

第2神殿の完成後、前400年頃から前200年頃までのユダヤ人の歴史は詳しいことがわかっていません。比較的豊かな生活を楽しんでいたと考える人もいます。

## アレクサンドロス大王がギリシャ文化を拡大

前4世紀、マケドニアに出たアレクサンドロス大王はオリエント地域を大統一しました。彼によっていわゆるヘレニズム世界・ヘレニズム時代が始まります。

ギリシャ人が各地に移住・植民することで、ギリシャ語に象徴されるギリシャ文化が拡大し、オリエント文化とも融合しました。

しかし、アレクサンドロスの大統一は、彼一代で崩壊してしまいます。エジプトにはプトレマイオス朝が、西アジアにはセレウコス朝が成立し、この両大国はパレスチナでも対立しました。

前2世紀、セレウコス朝の君主はユダヤ人に対し、ユダヤ教の信仰を禁止し、エルサレムの神殿にはオリンポスの神ゼウスが祀られ、ユダヤ人の不満が大きくなります。セレウコス朝支配に武力抵抗を始めたのがハスモン家です。ユダヤ人はよく戦い、マカベ（「ハンマー」の意。本名はイェフダ）はローマやプトレマイオス朝の支援を受け、エルサレムを解放しました。

前140年、マカベの兄弟たちによって、ハスモン朝が成立し、ユダヤ人は独立を回復しました。

ユダ王国の滅亡から450年ぶりに復活したユダヤ人国家ですが、多くの問題を抱えるようになります。

ハスモン朝は、ヤハウェに約束されたパレスチナ全土を確保するということで、領土拡大政策を進めるのですが、これに対して敬虔派に属し神殿儀式より律法を重んじるファリサイ派は批判的でした。この後、相続争いが起こり、当時ヘレニズム世界にも拡大を図っていたローマ帝国が侵出します。

前63年、ユダヤ人はローマの支配下に入り、またも独立を失いました。

## 平和と悪政のローマ支配

ローマの傀儡《かいらい》となったハスモン朝の大臣ヘロデは、カエサルからガリラヤ知事を認められます。カエサルは前44年に暗殺されましたが、このヘロデがローマの軍事力を背景に、ハスモン家に代わってユダヤ人社会を支配します。

ローマもヘロデの政治的才能を認め、彼に統治を任せたため、彼の時代のパレスチナは反乱もなく安定していました。

ヘロデはユダヤ人の歓心を買うため、第2神殿を当時の世界で一番壮麗なものにすべく大改修を進めるなどの「善政」を行いました。ヘロデは晩年、一族内の継承問題に加え、猜疑心から自分の子供たちまで処刑しています。

さらに、将来の「ユダヤの王」が生まれることに恐れを抱いたヘロデは、ベツレヘムの2歳以下の赤子を皆殺しにすることを命じます。

このときイエスの両親、ヨセフとマリアは神のお告げによりエジプトに逃れ、難を免れたとされています。

前27年、ローマでは帝政が始まり、初代皇帝アウグストゥス（オクタウィアヌス）は、ユダヤ人の反ヘロデ感情を考慮して、パレスチナを帝国の属州、つまり直接の支配下に置きました。

以後しばらく平穏な時代が続いたのですが、第2代皇帝のティベリウスの時代、ユダヤ属州総督として赴任したポンティウス・ピラトゥス（在職26～36）以降、ユダヤ人の反ローマ感情は急速に大きくなっていきました。イエスの処刑はこの時代（27～30頃）に行われました。

## 独立戦争の敗北と離散《ディアスポラ》の始まり

ローマの直接的支配下に置かれたユダヤ人は、重税も受け入れていました。しかし、一神教に対するローマの無理解に対し立ち上がります。

それでもピラトゥスは、ローマ皇帝の肖像などをエルサレムに持ち込もうとします。ユダヤ人の激しい抵抗に遭い、それは断念しますが、一方で、神殿に集められていた財宝を次々と持ち出しました。

ピラトゥスが失脚した後、皇帝のカリグラは改めてユダヤ人への圧迫を強化します。このとき、カリグラの友人でもあり、ヘロデのみならずハスモン朝の血縁に連なるアグリッパがカリグラを説得し、危機は回避されました。

さらにカリグラがアグリッパにかつてのヘロデの時代の領土を与え、彼を王に任命したことは事態を安定させました。

しかし危機が去ったわけではありません。アグリッパの死後、再びローマの直接支配下に置かれたパレスチナに派遣された総督が失政を繰り返します。

66年、反ローマの急進派、ゼロット（熱心党）が決起し大反乱が始まりました。エルサレムは陥落、熱心党を中心にした1000人余りのユダヤ人は、死海のほとり、かつてヘロデ王が離宮として建設したマサダの砦に籠城しました。峻厳な場所のためローマ軍も苦戦しましたが、最後は全員が自決して戦いは終わり、エルサレムの神殿は破壊され、ユダヤ人はエルサレムに入ることを禁止されました。今も残る「嘆きの壁」はその神殿の一部とされています。

# 第2章

# イエスの死と復活

## なぜキリストと呼ばれたのか

ヨーロッパのみならず世界の歴史に大きな影響力を持ってきたキリスト教ですが、イエス・キリストという名称で知られる人物について、同時代的史料は何もありません。『新約聖書』に収められた4つの福音書にはイエスの生涯が紹介されていますが、それらはイエスの処刑後、半世紀以上も経ってから編纂されたもので、直接、イエスと行動をともにした人物が書いたものではありません。イエスとは何者で、どんな時代に生き、何を残したのでしょう。

# キリストという言葉の意味

イエスといったりキリストといったり、はたまたイエス・キリストと重ねたり、言葉（名称）の使い方はいろいろです。

「イエス」はユダヤ世界では一般的な名前です。『旧約聖書』に登場する「ヨシュア」と同じで、「ヤハウェは救い」という意味です。

「キリスト」は「メシア」のギリシャ語訳です。「メシア」は「救世主」といわれることが多いのですが、ヘブライ語で「マーシーアッハ（メシア）」、当時ユダヤ人の日常語にもなっていたアラム語では「メシーハー」で、「油を注がれた（塗られた）者」という意味です。

古代世界では、王や祭司や預言者など社会の指導者の額に油を塗る習慣があり、それに由来します。紀元前後のユダヤ人の間では、ローマなどから解放する戦いを指導する者の称号として使われましたが、原始キリスト教では、十字架上で刑死し、その後復活したイエスを「キリスト」としました。

「イエス・キリスト」という呼称は、「ナザレのイエスがキリストである」ことを特定するために使われます。ギリシャ語の文法に則して「イエスはキリスト」「キリストであるイエス」の意味です。

そして、キリスト教の初期段階では、「イエス・キリスト」は「イエスをキリストだと信じる」という信仰告白になったそうです。さらに「キリスト」だけでイエスを表す固有名詞にもなっていったと受け止められています。

## イエスの死と復活

『新約聖書』によると、イエスの母マリアは処女でありながらイエスを身ごもり、エルサレムの南に位置するベツレヘムでイエスを出産したとされています。

イエスの養父（処女懐胎のため、父とは呼ばれない）ヨセフは木材加工業（大工）が生業で、イエスもそれを手伝っていました。

30歳の頃、イエスは家を出てヨルダン川のほとりで「バプテスマ（洗礼）のヨハネ」

## ■イエスの時代のパレスチナ

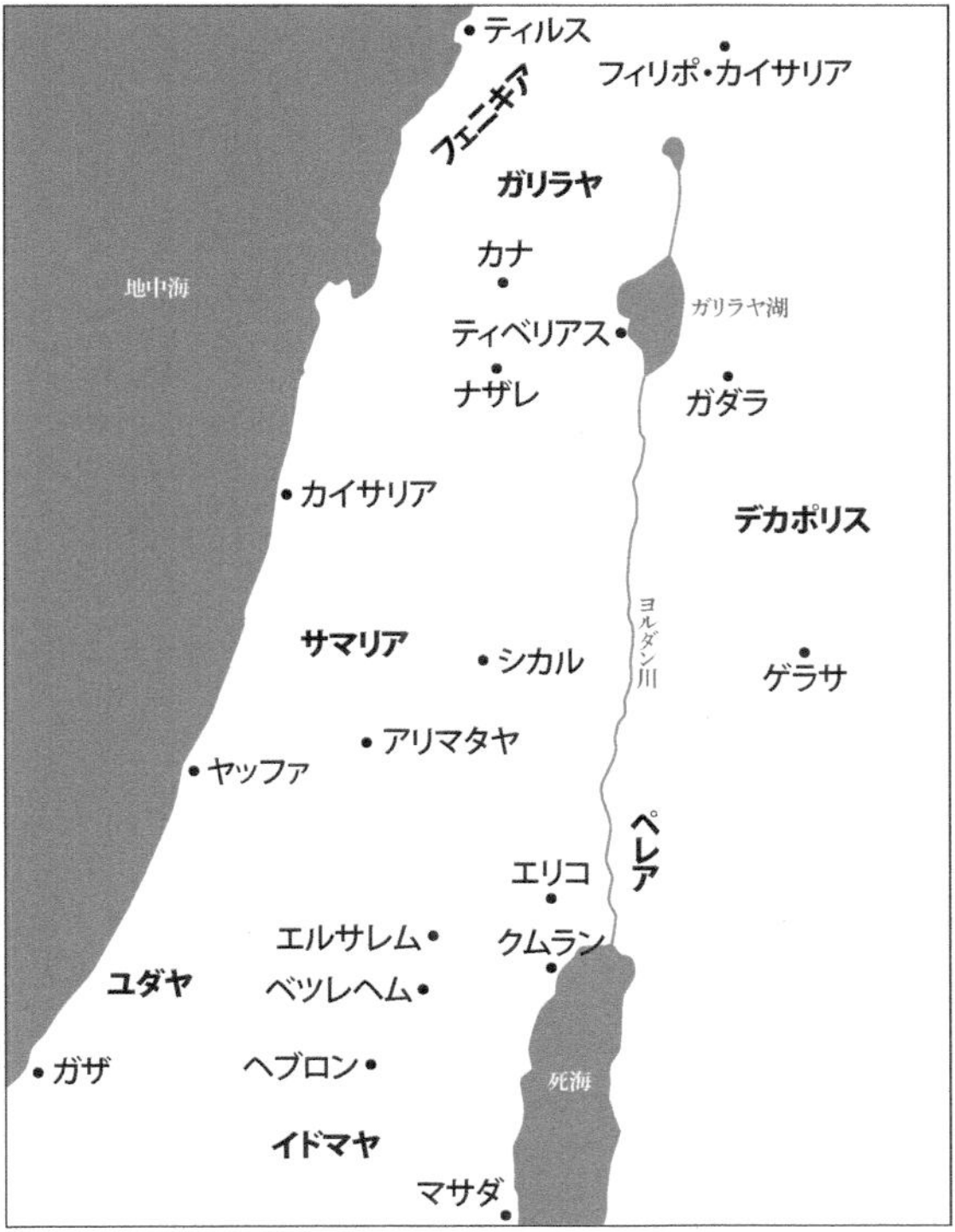

から洗礼を受け、彼の弟子になりました。イエスの公的な生涯に関しては以後の3年ほどの時間のことしか伝わっていません。

布教を始めた30歳頃から処刑されるまでの3年余り、彼は何を説いたのでしょうか。キリスト教は、ユダヤ教の選民思想などを克服した愛の宗教とよくいわれますが、これだけではあまりにも抽象的すぎます。キリスト教以外の宗教でも類似のことはいわれています。

では、イエスが説いた教えの特色は何なのでしょう。

「神は絶対的な存在であり、人間はどれだけ努力しても神の前では小さな存在でしかなく、救いに相応しくなるほどに自分を高めることはできない。この、救いに値しないような人間を救おうとするのが神の愛である。だから罪と汚れにまみれていることを痛いほどに知っている、売春婦や徴税人をはじめとした社会の末端にいる存在をこそ、救済の対象としたのが神である」という、当時の社会では思いもつかなかった立場を説いたのがイエスなのです。

新しい立場ということでは、次のようなエピソードもあります。ユダヤ教では仕事をしてはいけない安息日に、空腹から麦の穂を摘んだ弟子がいました。ユダヤ教のフファリサイ派（神殿よりも、律法を重視した）の人々から、安息日のルールを破り仕事をしたとがめられますが、イエスは〈安息日は、人のために定められた。人が安息日のためにあるのではない〉（日本聖書協会『新共同訳　新約聖書』マルコによる福音書2章27節）と言ったとされています。

空腹を満たすことの方が、安息日を守ること（律法）よりも重要だということです。また、水の上を歩く、食料を増やす、病人を治すといった「奇跡」も行っています。このような立場はファリサイ派はもちろん、サドカイ派（エルサレムの神殿の権威を強調した）、エッセナ派（神殿の権威を認めず、禁欲に徹した）といった全てのユダヤ教の教えと異なっており、イエスがユダヤ人社会で異端視されたのは当然です。

一方で、当時のユダヤ人はローマからの独立を目指していました。その指導者として期待もされていたイエスは、ローマにとっても厄介な存在だったのです。

イエスが始めた布教の第一声が「神の国は近づいた」だったとされています。「神の国」とは何を意味しているのでしょうか。ユダヤ人の独立国を意味するなら、イエスはローマの敵対者になり、それゆえにローマの政治犯の処刑方法、十字架刑が実行されたことになります。

イエスは弟子に裏切られ、裁判にかけられます。裁判を取り仕切ったローマ人総督ピラトゥスはイエスに対し「お前がユダヤ人の王なのか」と尋問しています。これに対してイエスは「それは、あなたが言っていることです」と曖昧に答えています。結局、群衆からのプレッシャーもあって、ピラトゥスはイエスを十字架刑に処します。

ちなみに、ユダヤ人が記録した別の史料では、ピラトゥスは残忍・冷酷な人間として知られています。

処刑の後、使徒たちは復活したイエスに接し、それが彼らに「イエスは救世主である」という確信を抱かせました。その強固な確信に基づく信仰がキリスト教になっていくのです。

## 後世に伝えた人々

キリスト教に関しては古来より膨大な文献が残っています。しかし、それらは、いうなればキリスト教関係者の残したものであり、「信仰」というバイアス（先入観）

## ■ティツィアーノ「キリストの磔刑」

頭上のI・N・R・Iは罪状書きとして掲げられたもので「ナザレのイエス、ユダヤ人の王」の意味

がかかったもので、客観的な史料性は期待できません。

古代ギリシャの哲学者ソクラテスは、自身では文献を残していません。しかし、彼の存在は、プラトンらの記録によってその思想内容まで明らかにされています。

イエスの場合、病人を治療するといった「奇跡」に象徴されるように、宗教者としての姿が強調され伝えられています。かくあってほしい、かくあったのではないかという気持ちや願いによって、イエス像がどんどん膨らんでいったようにも思えます。

イエスは、初代ローマ皇帝アウグストゥスの時代に生まれ、2代目のティベリウス帝の時代に処刑されたとされていますが、これがわかるのも、イエスに直接言及した史料からではありません。時代が少し下った歴史家タキトゥス（55頃～120頃）の『年代記』に、ネロ帝の時代に起きたローマ大火のことに関連して、ローマにキリスト教徒がいたことが記述されています。しかし、イエスがいかなる人物で、何をしたかという記録は残されていません。

イエスの教えは、多くのユダヤ人にとっては、あまり面白いものではありませんでした。だからユダヤ人の記録の中にもキリスト教のことは出てきません。

ユダヤの軍人、ヨセフス（38頃～100頃）の『ユダヤ古代誌』という本では、イ

## ユダヤ教とキリスト教

| | ユダヤ教 | キリスト教 |
|---|---|---|
| 神 | 唯一神ヤハウェ | 父なる神＝子なるイエス＝聖霊<br>（三位一体論→第5章） |
| 聖典 | 聖書（旧約聖書） | 聖書（旧約聖書と新約聖書） |
| 教義の特徴など | 選民思想<br>救世主信仰<br>偶像崇拝の禁止 | イエスは救世主<br>隣人愛の精神<br>ユダヤ教の律法主義批判 |

エスのことがあたかも神であるかのように表現されています。これはイエスを批判するユダヤ人の立場からすると考えられないことで、後世の脚色といわれています。

ちなみに、ヨセフスは軍人でしたが、ローマに投降し、70年のエルサレムの陥落、それに続くマサダの砦の攻防戦も自らの目で見て、『ユダヤ戦記』に記録しています。

一方で、キリスト者の立場で書かれた記録はあります。12使徒以上に重要な役割を果たした人物、パウロ（第3章参照）が多くの書簡を残しています。彼はおそらくイエスとは面識がなく、厳格なユダヤ教徒として、むしろキリスト教徒に対する迫害者であったとされています。

そのようなパウロがキリスト教に回心したのは、

磔刑《たっけい》後に復活したイエスとの出会いを経験したことによります。彼が残した多くの書簡にもイエスの「生涯」は登場しません。彼は、「イエスは全人類の罪を背負って身代わりに死んだ」という、キリスト教徒の信仰の立場（「信仰義認論」といいます）を強調しています。

信仰義認論とは、「イエスその人を真摯に信仰することが大切（義）なのであって、人の行為などではない。神が義と認めるのは、その人物の神への信仰であって、行いなどではない」という考え方です。

結局のところ、イエスの生涯については、『新約聖書』の冒頭に収録されている「マタイによる福音書」「マルコによる福音書」「ルカによる福音書」「ヨハネによる福音書」の4つの福音書によらざるを得ないということになります。しかし、この4つの福音書は、似ているところもあれば、全く異なった場面もみられます。

これらが成立したのは、ローマとの紛争でユダヤ人が鎮圧された70年頃以降のことで、12使徒などによって語り継がれてきたことを、何者かが文章化したものだと考えられています。

また、現代の『新約聖書』に収録されている福音書はこの4つですが、過去、様々な種類の福音書があったとされています。複数の福音書が書かれ、取捨選択され収録されたということは、内部での対立、それに伴ういくつかの分派が存在していたことの証明にもなっています。

イエスの弟子たちによって原始キリスト教の組織が形成され、その後、ローマでキリスト教会が形成されていくことは次章以降で紹介していきます。

このような組織は、時間が経ち、大きくなるといろいろな問題が出てきます。ユダヤ人と非ユダヤ人の対立から始まり、世俗勢力との関わり方、教義を巡る問題などとどまるところを知りません。しかし、その過程で「正統」と「異端」を分ける激しい議論が繰り広げられ、「正統」が磨かれていくことになります。

# 第3章

# 教えは異邦人へ

## 回心者パウロと初代教皇ペテロ

イエスが復活したという信仰は、徐々に人々の心をつかんでいきました。その頃、地中海を中心に広大な世界を支配していたのはローマ帝国です。いうまでもなく、ローマには伝統的な宗教がありました。そのために、外来宗教のキリスト教が弾圧されたともいえるのですが、ローマ人にもユダヤ教やキリスト教同様、神との契約という感覚があり、キリスト教が受容された一面をそこに求めることができるかもしれません。

## ローマの身近な神々

ローマ人も信心深い民族でした。ローマの宗教について、多くの書籍では「多神教」という言葉ですませていますが、それほど簡単ではありません。ローマ人は、自分たちが神々を正しく崇拝すれば、神々はローマ人を守ってくれると真摯に信じていたのです。

ローマには神官の称号を持った人々がたくさんいます。日本なら氏神や道祖神の守り役というところです。神官の仕事は、例えば、ローマの安泰を願ったり、戦争の吉凶を占ったりすることです。それらの神官を束ねるのが神祇官で、総勢で10人からなっていましたが、その神祇官の中でも最高の権威を持つのが大神祇官でした。彼はローマの公式な祭祀の最高統括者であり、何よりも威厳が求められました。政治家のカエサルもその位を得るため努力しました。それほどに名誉ある称号だったのです。

ローマの神々ではギリシャ伝来のオリンポス12神が有名で、ギリシャのゼウスがローマのユピテル（ジュピター）、アテナがミネルヴァ、アフロディーテーがウェヌス（ヴィーナス）などと対応していることはよく知られます。

各所にこれらの神を祀る神殿が建てられ、それらの神々をまとめて祀ったのがパンテオン（万神殿）です。ローマでは、神は次々につくられ、「ローマ」そのものが神となったり、カエサルやアウグストゥスの神格化が行われたりしました。「カエサル」という言葉が「皇帝」の意味を持つようになったのもその一例です。ローマの拡大に併せ、外来宗教も多く流入してきました。キリスト教もその1つですが、ミトラ教やマニ教（ともにイラン起源の二元論的密儀宗教）やイシス教（エジプト起源の密儀宗教）があり、いずれも秘密の儀式を行い、救済を説くことで、ローマ人の間で支持を集めました。

これらはローマ帝国で「混乱の3世紀」といわれる社会の混迷を背景に、心の拠り所を求めるローマ人の信仰を集め、同じ性格を持つキリスト教と対立しました。

# イエスの指名したペテロが教団を率いる

イエスが処刑されたことは使徒たちに大きな衝撃を与えましたが、「復活」したという確信から、弟子たちの活動が始まります。そして、原始キリスト教教団ともいえるものが形成されるのですが、エルサレムが中心の1つになるのは自然な動きでした。

ただ、当初のエルサレム教会は、教義や教則といった面で、ユダヤ教と大きく違わないような状態だったようです。もちろん、ユダヤ教徒側はイエス・キリストの信仰集団を弾劾したのですが、それでもキリスト教徒はユダヤ教から大きく離れて活動するという気持ちは持っていなかったようです。

教団内での対立の大きな原因は「言語」です。当時、エルサレムのキリスト教徒にはギリシャ語を話すユダヤ人（ヘレニスタイ）と、ヘブライ語を話すユダヤ人（ヘブライオイ）がいました。

後者を代表するのがペテロなど12使徒を中心にしたグループで、これを主流派とするならば、前者は、主流派の親ユダヤ教的傾向を批判していたグループです。両者は対立して、ヘレニスタイはエルサレムを追われます。追われた人々は各地に散っていくのですが、ユダヤ人以外の信者も集めたアンティオケア教会も重要な役割を果たすようになります。……と書いてしまうとスッキリするのですが、聖書の解釈はそれほど単純でないようで、この種の対立は以後も続きます。

エルサレム教会の中心は12使徒であり、さらにその頂点に立つのがペテロです。ペテロがイエスの代理者になったのはイエスその人の指名によるものです。元々は漁師だったシモンがイエスに認められ、アラム語で「岩」を意味する「ケファ（ラテン語でペテロ）」の名前を与えられました。さらに「私はこの岩の上に教会を建てる」というイエスから天国の鍵を授かりました。

ペテロは布教しながら、エルサレム教団が抜け出せなかった、ユダヤ教的世界から離れていきます。エルサレムを後にして、各地に伝道します。このため教団内の勢力関係に変化が現れ、イエスの弟のヤコブが教団の中心になります。

ペテロはキリスト教を迫害するネロ帝（在位54〜68）の下で処刑されます。彼はイエス以上に厳しい刑を望み「逆さ十字架」で処刑されたといわれています。

このペテロが初代ローマ教皇とみなされています。彼は、処刑された場所に埋葬されますが、4世紀、コンスタンティヌス大帝が、そこにサン・ピエトロ（聖ペテロ）寺院を建設しました。

## 回心したパウロがユダヤ人以外に布教

パウロ（ヘブライ名はサウロ）は、ペテロとは対照的に学があり、ローマ市民権を持っていました。彼はユダヤ教ファリサイ派に属し、キリスト教徒には厳しい対応をしていました。その彼がダマスクスに行く途中でイエスの声を聞き、目が見えなくなってしまいます。後に彼は回心します（「サウロの回心」として知られます）。このとき、視界を遮っていたもの（鱗）が落ち、目が見えるようになったといわれ、これが「目から鱗」の由来とされています。

回心したパウロは、キリスト教徒から簡単には受け入れられなかったのですが、彼の布教は多くの人々を引きつけました。ユダヤ人以外の人々にも積極的な布教を行い、彼は「異邦人の使徒」といわれるようになります。パウロが活躍した都市がアンティオケアで、アンティオケア教会がエルサレム教会に対抗したわけではなかったのですが、その布教方針を巡って会議が持たれました。その会議でアンティオケア派による異邦人布教が確認されたのは、後にキリスト教が世界宗教として発展していく上で大きな意味を持ちました。

パウロは64年頃、ネロ帝による迫害で命を落としたとされています。

エルサレム教会は、拠り所にしていた「神殿」が70年にローマによって破壊されてしまい、深刻な打撃を受けました。

もう1つ、パウロの立場で注目される、労働についての新しい認識を紹介しておきます。といっても資本主義との関連をとやかくいうようなことではありません。気ままで勝手な生活をしがちな人間にとって、修養としての「労働」の大切さを説いたのです。ローマ時代のように、人間として認められていない「奴隷」が生産活動を行っていた社会では、宗教的動機とはいえ、この立場は注目されます。なお、世俗社会で労働の意味を強調するようになるのは、宗教改革、カルヴァン以降のことです。

# 帝国内の拡大と弾圧

1世紀のキリスト教徒の迫害といえば、ネロ帝によるものが有名です。ネロはペテロやパウロを処刑したことはすでに書きました。さらに彼はローマの大火の犯人がキリスト教徒であるとして、迫害を行ったとされます。

しかし、最近は、大火とキリスト教とを結びつける説よりも、キリスト教徒は軍役や納税などの社会奉仕や貢献をしない、社会に背を向けた存在であるがために迫害されたという説明もなされています。とはいうものの迫害は明確な法的根拠もなく、曖昧・大雑把に行われたようです。

続いてドミティアヌス帝（在位81～96）の迫害が知られますが、これは皇帝の一族が絡んでいるので注目されます。一般庶民だけでなく高位にある人々にもキリスト教が広まっていたことがわかります。

しかし、この迫害は猜疑心の強い皇帝が、権力を守るために一族や有力者を粛清、その中にキリスト教徒もいたというのが実情のようです。なお、この時代のローマ教皇クレメンス1世（在位88～97）はドミティアヌスの従兄弟の家の奴隷だったとされますが、彼は12使徒の教えについて重要な著作を残しています。

いわゆる五賢帝時代（96～180）のキリスト教は、諸皇帝の寛容さの下で比較的自由な信仰が行われていたようです。

一方で「迫害」も行われました。特に、五賢帝の最後、マルクス・アウレリウス・アントニヌス帝は「哲人皇帝」と評され、厳格なストア哲学者であり、その真面目さからローマの神々の伝統を大切にしていました。それを無視し、超自然的な迷信的感覚で市民を惑わすように捉えられたキリスト教は許せなかったのです。

3世紀半ばの「軍人皇帝時代」（235～284）の迫害もローマの神々崇拝と関係します。デキウス帝（在位249～251）によって、優秀な教会指導者とされた教皇ファビアヌス（在位236～250）が最初の犠牲者になり、次の教皇コルネリウス（在位251～253）もデキウスに続く皇帝によって殉教しました。

さらにヴァレリアヌス帝（在位253～260）の迫害が続いたのですが、アウレリアヌス帝（在位270～275）の時代から、帝国再建のための努力が優先されました。そして40年余り、キリスト教会は平穏裏に信者数を増やしていきました。

■キリスト教の拡大

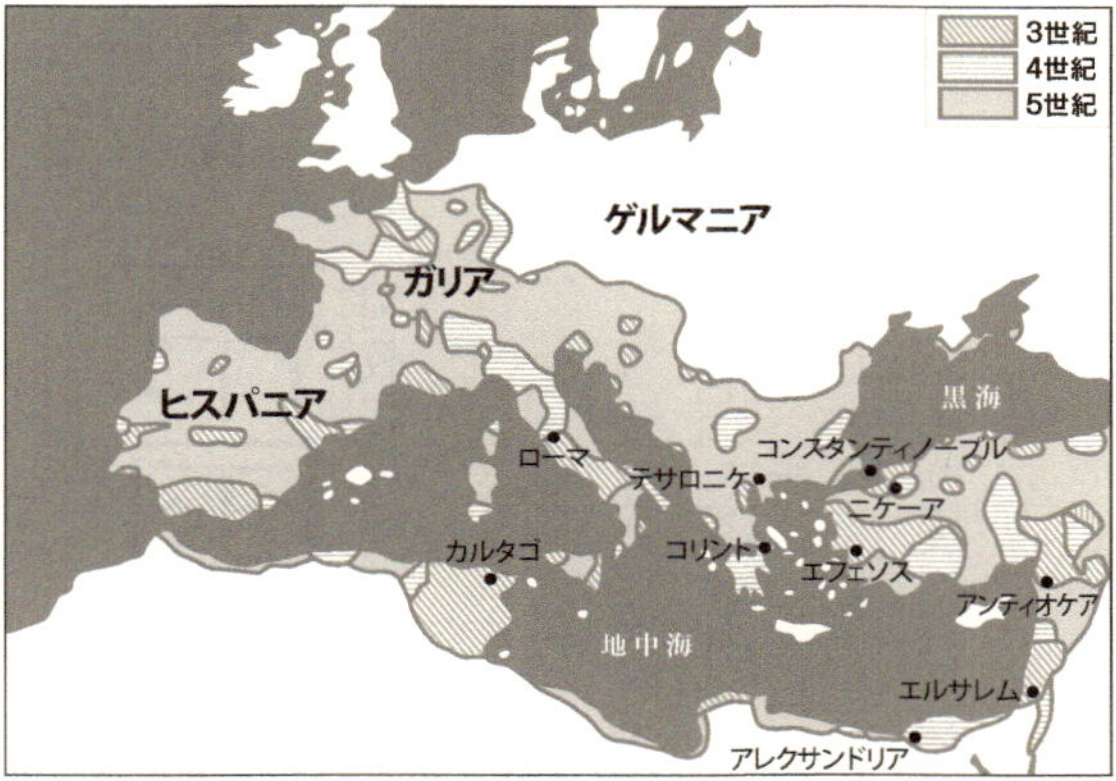


そんな中、3世紀末に帝位に就き、帝国の再建に尽力したディオクレティアヌスは303年、キリスト教に対して、最後といわれる大迫害を断行しました。

その後、キリスト教が国教化（第4章参照）されると、5つの都市に総大司教座が置かれます。ローマ、コンスタンティノープル、アンティオケア、エルサレム、アレクサンドリアの5つです。帝国の都はミラノやラヴェンナに移され、都市としてのローマは衰退しますが、教皇はローマに留まりました。その結果、ローマは教皇の町という立場を確立していき、政治的立場も強めていきました。

# 第4章

# 帝国の軍神

## 国教化で浮上した戦争との関わり方

キリスト教にとって4世紀は重大な転機になりました。それまで弾圧されてきたのが一転して公認されただけでなく、国教にまでなります。キリスト教以外の宗教が弾圧・排除される立場になったのです。公然と活動できるようになった信者たちは、キリスト教の拡大のため強固な組織を作ります。しかしその一方で、ローマ伝統の宗教が果たしていた役割もキリスト教の務めとなり、変質も避けられませんでした。

# 分割統治と帝都ローマの凋落

軍人皇帝時代（235〜284）を終わらせたディオクレティアヌス帝（在位284〜305）は、混乱していた帝国の再編を図ります。まず、2人の正帝と2人の副帝による4分治制を導入、彼は東の正帝となります。当時のローマは東方が軍事的にも経済的にも重要性を増しており、本来の首都ローマは凋落著しいものがありました。しかし、このことはローマ教皇にとっては世俗の干渉が少なくなることを意味し、その権威を拡大させるチャンスになりました。

軍人皇帝時代の後半の20年とディオクレティアヌスの治世の20年ほど、併せて40年余りの間、キリスト教の信者は着実に増えていました。その際、特に注目しなければならないのは、信者が都市だけでなく北アフリカや小アジア、シリアなどの農村部でも増えていたことです。

ディオクレティアヌスが東方に基盤を置いたのは西方よりも発展が続いているという経済的要因によります。ただ、権力者にとっては、農村にキリスト教が拡大することは厄介でした。農民の弾圧によって食料供給に齟齬をきたし、兵士の徴募が難しくなるからです。

キリスト教徒に寛大であったディオクレティアヌスが、4世紀になって突然に方向転換をしたのは、ローマ帝国の再建は、ローマ伝統の神々の復活に求めるべきであるという皇帝自身の決意が大きかったと思います。

303年、国内全ての教会の破壊、聖書の焼却、高位の職にあるキリスト教徒の身分と役職の剝奪、一般キリスト教信者の保護の停止などが布告されました。

この命令に対し、抵抗したキリスト教徒の多くは極刑に処せられました。そのときの彼らの顔には殉教する喜びがあり、かえって皇帝を刺激したことから、迫害が強まったとされています。

皇帝の君臨する東方世界では厳しく取り締まりが行われた一方で、西方ではそれほど厳しいことは行われなかったようです。また、背教するキリスト教徒も多かったようです。305年にディオクレティアヌスが退位するとともに、寛容策に戻され、迫害は終わりました。

## ミラノ勅令で公認される

ディオクレティアヌスが死んだ時、ローマ帝国西方ではコンスタンティヌスとマクセンティウスが強勢を誇っていました。この両者は312年、ローマ郊外のミルウィウス橋で戦い、コンスタンティヌスが勝利しました。ローマに入城したコンスタンティヌスは元老院議員に迎えられ、西の正帝に推戴されました。

この戦いの勝利に関しては、彼が神の加護を受けていたからだとキリスト教会は説明しますが、彼が洗礼を受けてキリスト教へ改宗したのはそれから10年ほど後、臨終の間際だったといわれています。

大帝と称されたコンスタンティヌスはキリスト教を公認したことで有名です。313年、東方の正帝リキニウスと北イタリアのミラノで会見し「信教の自由は制限されるべきではない。キリスト教徒のみならず、あらゆる宗教の信奉者の完全な自由を認める」という声明を出し（ミラノ勅令）、キリスト教を公認しました。

コンスタンティヌスが公認した思惑はどこにあったのか、様々な見解があります。

彼は俗物であり、政治的な利害や打算のために行われたものであるというものから、彼の母親はキリスト教徒であり、その薫陶を受けて育ち、キリスト教を信仰していたからこそ公認したのであるという説まで様々です。

330年、コンスタンティヌスはビザンティオン（現イスタンブール）に首都を移します。後にコンスタンティノープルと呼ばれるこの街は、東方の中心になっていきます。

キリスト教公認の時代を迎えた教皇は、ミルティアデス（在位311〜314）です。このときコンスタンティヌスは皇后の宮殿を教皇に与えます。これがラテラノ宮殿で、以後、14世紀に始まる「アビニョン捕囚」まで、ここが教皇の公邸になり、教皇庁もここに置かれます。なお、このミルティアデスは、当時問題になっていたドナトゥス派（第5章参照）問題に一応の決着をつけた教皇です。

## 背教者ユリアヌスの敗北

4世紀の半ば、ユリアヌス（在位361〜363）が皇帝になります。彼はコンスタンティヌス大帝の甥であり、かつ、大帝の末娘と結婚しています。従兄の皇帝コンスタンティウス2世の死によって361年に皇帝となり、キリスト教問題以前に宮廷改革に取り組みました。彼は禁欲的性格の強い人物で、膨れ上がった官僚機構を縮小し、元老院の権威の回復を図ります。

この頃、キリスト教徒内ではアリウス派論争などが続いており、それを嫌悪していたともいわれています。ユリアヌスは313年のミラノ勅令以前の宗教状況に戻そうとし、キリスト教の立場からすると異教徒たちの信仰が戻ってきます。このために彼はキリスト教徒から「背教者」のレッテルを貼られることになります。

ユリアヌスは、キリスト教の聖職者に与えられていた裁判権などの特権を全て剥奪し、聖職者からも一般国民同様に税金を徴収しました。

異教徒にキリスト教徒を襲わせるようなことはしなかったのですが、彼の誤算は、この段階で異教の神々がもはや力を失っていたこと、一方でキリスト教徒が大きなエネルギーを持ち、彼らの信仰は揺るぎないものとなっていたのを十分に理解していなかったことでした。

ユリアヌスが即位した頃、東方のササン朝ペルシア帝国ではシャプール2世がローマ領への拡大を図ろうとしていました。軍を進めたユリアヌスは、363年、戦場での負傷がもとで陣中に没しました。彼の最期の言葉は「ガリラヤ人よ、汝は勝てり」だったといわれています。ガリラヤ人とはキリスト教徒のことを指しているのですが、宮廷内でもキリスト教が大きな力を持つに至ったことへの敗北感を表しているのではないでしょうか。

## 国教化と戦争への試練

テオドシウス帝(在位379〜395)の時代、キリスト教は国教化されます。彼は異教に対して圧迫を強めていましたが、381年には非キリスト教の神に捧げる犠牲を禁じ、実質的にキリスト教を国教化しました。393年には、異教の神に捧げるものであるという理由からオリンピアードの競技会も廃止されました。

テオドシウスは、コンスタンティヌス大帝の死後、混乱が続いていた帝国の統一を一時的に実現しました。しかし、その維持が不可能であることを認識しており、帝国を東西に分割し、息子たちに継承させました。長男アルカディウスが東ローマ帝国、次男ホノリウスが西ローマ帝国に君臨しますが、西ローマ帝国はゲルマン民族の侵入によって弱体化していきます。

そのような状況で、都「ローマ」も衰退していきますが、ここに拠点を据えたのがローマ教皇です。混乱の中でもローマが権威を持ち続けたのはキリスト教会の存在があったからです。

国教化はキリスト教にとって、これまでとは異なった大きな試練になりました。コンスタンティヌスがキリスト教を公認したのは、彼自身のキリスト教に対する信仰の篤さもあるでしょう。その一方で、国教となったからには、当時のローマが抱えていた危機にキリスト教として何ができるのか、それに応えなければいけません。

一般に宗教は心の平安を求めるものであり、望んで戦争を行うものではありません。

しかし、人々が崇める神の中には「戦争の神」もおり、人々はそれらの神々に戦いでの勝利を祈願してきました。ローマ帝国の歴史は、戦争の連続であり、軍神のマーズを祀っていました。

春は気候がよくなり、古代世界にあっては戦争の季節の始まりでした。これから派生して英語の「3月（March）」が生まれます。ちなみに「march（行進する）」も軍隊に由来する言葉です。キリスト教は、戦争のための軍神の代わりという役割も担わなければならなくなったのです。

話は前後しますが、イエスは「山上の垂訓」で〈だれかがあなたの右の頬を打つなら、左の頬をも向けなさい〉（日本聖書協会『新共同訳 新約聖書』マタイによる福音書5章39節）と言って「ハムラビ法典」に出てくる「目には目を、歯には歯を」の同害報復の原則を戒めています。さらにもう一言加えるならば、キリスト教では、〈敵を愛し、自分を迫害する者のために祈りなさい〉（同44節）といった、慈愛の立場が強調されています。

かつてのローマ帝国でキリスト教徒が迫害されたのは、政府の従軍要請を受け入れなかったことも大きな原因の1つでした。そのような立場であったキリスト教会が、国教化とともに戦争に対して、新しい考え方をせざるを得なくなるのです。

4〜5世紀になると、ローマ帝国領内へのゲルマン人などの侵入が激しくなります。こういった侵入者に対してキリスト教徒はいかに対応すべきかが問題になってきます。そこで出てくるのが「正戦」論です。これは防衛のための戦争を指しているのですが、そのような戦争には参戦してもよいとします。

ここから話が一挙に飛んで、11世紀、十字軍の時代になると、神の名において行われる積極的な戦争として「聖戦」という考え方が出てきます。体制化したキリスト教は戦争という切実な問題に立ち向かわなければならなくなるのです。

最後にもう1つ、教会にとって大きな意味を持つ問題が出てきます。教会を支配する教皇と、世俗の最高権力者の皇帝のどちらが上位に立つか、つまり、皇帝教皇主義か教皇皇帝主義かという問題です。中世の叙任権闘争はまさしくこれですが、ローマ帝国でキリスト教が国教化されたことは、将来の問題に向けての種がまかれたといえるでしょう。

# 第5章

# 神なのか神の子なのか

## 教義と解釈は会議で決まる

素朴な民衆の間に広まったキリスト教がローマ帝国で国教化されると、学者たちの間にも興味を持つ人々が増えてきました。その学者たちは、神とイエス・キリストの奇妙な関係に注目しました。イエス・キリストは「神の子」ですが、「子」の「神性」はどういうことになるのかという大問題が出てきます。そして、ローマ帝国にローマとコンスタンティノープルという2つの中心ができたことが、キリスト教世界を分裂させます。

## 皇帝は多数派に味方する

宗教教団が大きくなるのと並行して、素朴な組織だった頃には予想もできなかった問題が出てきます。穏健派と急進派、寛容派と厳格派などの対立は、今も昔も世俗世界では普通にあることですが、宗教界でも同様です。キリスト教会でも4世紀、このような問題が出てきました。発端はディオクレティアヌス帝の迫害の時代までさかのぼります。

ディオクレティアヌスの時代、背教した司教が、迫害が終わった後に復帰し、ある人物をカルタゴの司教に叙任しました。これに対して、厳格派（後に、指導者にちなんでドナトゥス派と呼ばれます）の人々は、背教した人物による叙任は無効であるとして、反対しました。

続くコンスタンティヌス大帝は教皇ミルティアデスに問題の解決を命じました。313年、ローマで行われた会議で教皇はドナトゥス派を批判、ドナトゥス派の不満は大きくなりました。翌年、改めて開かれた会議で、ドナトゥス派は退けられました。

ドナトゥス派は、皇帝に直接訴えましたが、皇帝が望むのは帝国の統一に貢献してくれるキリスト教であり、信仰の問題ではありませんでした。

そのため、少数派だったドナトゥス派の訴えを却下します。ドナトゥス派は、皇帝は教会内の問題に干渉する資格は持たないと反発します。普通、少数派は多数派に圧倒されてしまうものですが、北アフリカでは、ローマ支配への不満を持つ農民たちによるドナトゥス派の支持が大きく、勢いは衰えませんでした。

5世紀、古代最大の教父アウグスティヌス（354～430）は、たとえ司教が背教した者であっても、叙任という行為は、世俗を超越したもの、「聖霊」によって行われるため、叙任を行う人物の世俗の行動は問題にはならない。よって、その叙任は有効であるとし、ドナトゥス派を論駁しました。

サクラメント（秘蹟などと訳される、叙階などの儀礼のこと）が持つ超自然的な力は、その儀礼の中でイエス・キリストによってもたらされるとされています。アウグスティヌスはこの立場を最初に明らかにしました。

ドナトゥス派は412年に、ホノリウス帝（テオドシウス帝の次男、西ローマ帝国を継承した人物）によって異端と断定され、同派に属する聖職者の追放や教会財産の没収が行われました。それでもこの派を支持する人々は多く、活動はビザンツ帝国時代まで続きました。

宗教の純粋性を追求する人々はいつの世も存在するということでしょう。少し細かなことになりますが、このドナトゥス論争が行われている4～5世紀頃、ペラギウスという人物が出てきます。彼も、当時の教会の堕落を批判し、信仰の純粋性を説き、多くの支持を集めたのですが、アウグスティヌスに論駁され、やはり異端と断定されました。

## イエスはいかなる存在なのか

ドナトゥス派やペラギウス派の論争が行われている時代に、それとは次元の違う問題が出てきます。本格的な神学上の論争が始まったのです。

初期キリスト教の信者たちはイエスをキリスト（救世主）として信仰することが最大の関心事で、神やイエス自身を問題にする余裕はありませんでした。ところが2～

3世紀になり、知識人もキリスト教に改宗するようになると、神の子であるイエスはいかなる存在なのかということが、真面目に議論されるようになります。

古代世界にはギリシャ以来の哲学の伝統があり、哲学の素養を持った人々が信者になると、イエスが持つ「神性」とはいかなるものなのかという議論が深まり始めます。「神性」が単一であるとすれば、神とイエスの両方が「神性」を持つのは奇妙ではないかということが主な論点です。

この論争は3世紀頃には出てきていたのですが、4世紀の初めに鋭く切りだしたのが、アレクサンドリアの司祭であるアリウスでした。

アリウスはこのように説きました。神の本性が分割されることはあり得ない。イエス・キリストは神から放射されたものであり、神に従属するものである。したがって、イエス・キリストの本性は「神聖」ではあっても「神性」ではあり得ない。

これは極めて哲学的な考え方で、論理の飛躍はありません。これに対してアタナシウスは次のように反駁しました。哲学的・論理的であろうとなかろうと、キリストは本当の神性を持ち、まさしく神と同質であると。

要するに、イエス・キリストを神として崇拝したからキリスト教徒と呼ばれたわけであり、多くの素朴なキリスト教徒は神であるイエス・キリストに救いを託しているのだということです。

ドナトゥス論争と同じく、ここでもコンスタンティヌス大帝が乗り出してきます。彼にとっては帝国と教会は常に1つでなければなりません。しかし、双方ともにコンスタンティヌス大帝の勧告は受け入れることができず、彼は325年、ニケーアに公会議を招集して、そこで決着をつけさせることにしました。

この公会議とは、高位聖職者が集まり、「教義」などを決定する重要な会議です。教義の決定などの重要案件までは及ばないものが「宗教会議」とされているようです。

白熱した議論が2カ月も続いた後、中間派のカイサリアのエウセビオスが「父と子は同質である」という言葉を挿入した、いわゆる「カイサリア信条」が出席者300人のうち5人を除く賛成多数を得ました。これによってアタナシウス派が勝利しました。なお、この会議の諸経費は全て皇帝によって賄われ、その結果、この決定はローマの法律になったのです。

しかし、問題は続きます。その後、皇帝がアリウス派の人々の影響を強く受けると、アリウス派の聖職者の復位を認めます。さらに、アリウス派的信条を決定させ、

335年になると、アタナシウスを追放処分にします。

コンスタンティヌスの息子コンスタンティウス2世（在位337〜361）もこの問題を蒸し返し、何回も論争を行わせました。真面目な論争もありましたが、中傷や賄賂は当たり前、両者による暴力沙汰も日常茶飯事という事態にまで発展しました。

355年、アタナシウスを断罪する文書への署名を拒んだことから、時の教皇リベリウス（在位352〜366）はローマから追放され、対立教皇フェリックス2世が立てられるという事態になります。しかし、このフェリックス2世、ローマ市民には評判が悪く、彼らの声でリベリウスが復位するのですが、さしたる評判を得ることができませんでした。両者の死後はフェリックス2世の方が懐かしがられたといいますから、庶民の声というのもいい加減なものです。

リベリウスに続く教皇はダマスス1世（在位366〜384）ですが、彼は自分に反対していた勢力との対立に際し、ローマ市長官に支援を要請しました。これが、教皇が世俗の力を借りた最初の例とされています。

ダマスス1世は、自分の行動を含め、地に落ちた教皇の権威を回復するため、世俗権力の助けを求めながらも、ローマ司教座（要するにローマ教皇）が全教会の首座で

■神とイエス・キリストの関係を巡る論争

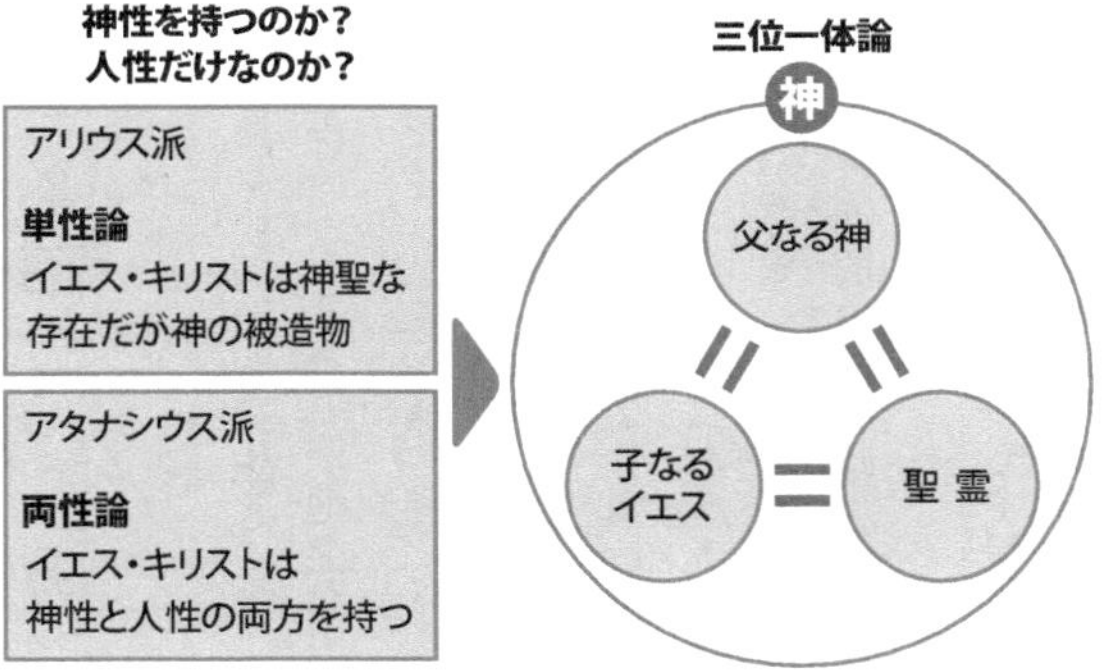


あること、ローマ司教が聖ペテロの直系の後継者であることを初めて主張しました。

また、親しかったヒエロニムスを秘書とし、彼に、ギリシャ語で書かれていた聖書のラテン語訳を命じました。このヒエロニムスの手によって完成されたものが後に「ウルガータ（「一般の」という意味です）」と呼ばれる教会公認の聖書です。

## 三位一体論という新たな問題

さらに新しい問題が発生します。「聖霊」という言葉が問題になってきました。聖霊は「イエス・キリストが地上を去った後に、罪や死から人々を救い、信者に心の平和を与えるのは聖霊という形で信者の心に宿るイエス・キリストである」と説明されますが、こうなると聖霊にも神性が付随します。「父なる神」「子なるイエス」「聖霊」の3つの神性を考えると、キリスト教も多神教と変わらないようにも考えられ、教義上の混乱は収めがたくなりました。

皇帝テオドシウス1世が381年に開催したコンスタンティノープル公会議で、聖霊にも神性があることが確認され、父と子、そして聖霊はそれぞれが完全な神であるが、それぞれ別個の神ではなく、存在するのは1つの神であるという「三位一体論」が確定しました。

論理的には矛盾するのですが、信者には受け入れられるようになりました。

ところが議論はさらに拡大していきます。「イエス・キリストにおいては人性と神性はどのようなあり方をするのか」という問題が出現します。当然イエスの神性を強調する人々が出てくる一方で、ネストリウスは、イエスの母マリアを「神の母」とは呼ばずに「キリストの母」と呼ぶべきであるという意見を主張します。

431年のエフェソス公会議でネストリウス派は退けられ、451年のカルケドン公会議で結論が出ます。この会議開催の背後には大教皇といわれるレオ1世がいました（第6章参照）。エフェソス公会議では「イエス・キリストは真に神であり、また真に人である。神性によれば父なる神と同質で、人性によれば人間と同質であること」を確認し、「両性は1つの人格、1つの本質の中に併存する」という説明が行われました。

両性の「融合」ではなく「併存」としたところに難しさがありますが、公的な決着はつきました。しかし反対勢力はなお存在し、イエスは聖性を持った人と捉える単性論はエジプトのコプト教会やコーカサスのアルメニア教会に継承されます。

# 第6章

# 立ち向かう教皇

## 「蛮族」と交渉したレオ1世・グレゴリウス1世

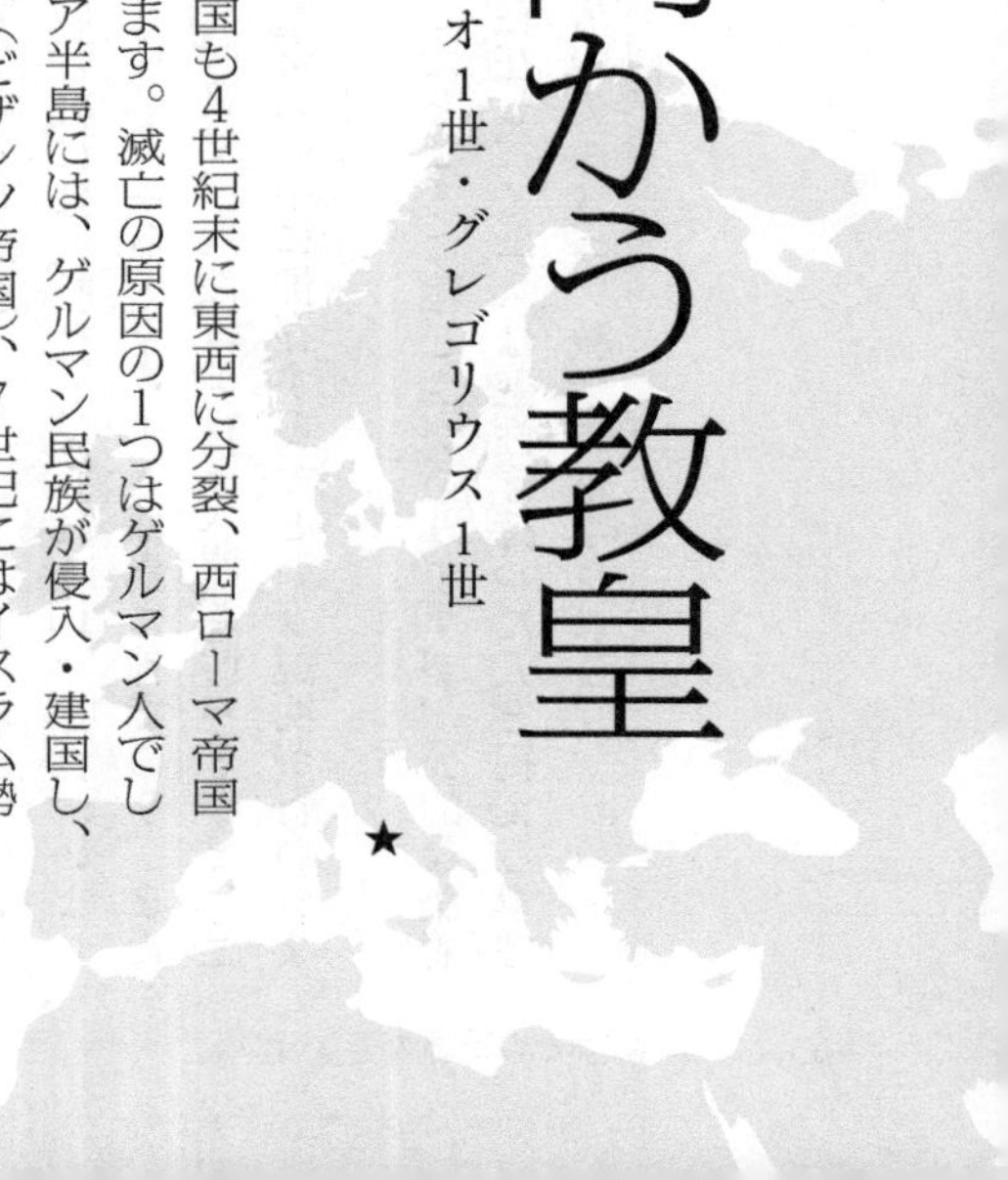

繁栄を誇ったローマ帝国も4世紀末に東西に分裂、西ローマ帝国は5世紀の後半に滅亡します。滅亡の原因の1つはゲルマン人でした。帝国滅亡後のイタリア半島には、ゲルマン民族が侵入・建国し、6世紀には東ローマ帝国（ビザンツ帝国）、7世紀にはイスラム勢力が進出してきます。諸勢力入り混じって対立する中、ローマ教皇の立場は強くなります。教皇が「ローマ」に君臨し続けた意味は大きなものになります。

## 地中海沿岸に学者が生まれる

イエス・キリストを信仰する人々の共同体（教会）がエルサレムに始まったことはすでに書きました。最初はユダヤ人だけだった集まりにユダヤ人以外の人々も参加するようになり、交通の要所であるダマスクスやアンティオケアなどにも拠点ができるようになります。

4世紀になると、ローマ、コンスタンティノープル、アンティオケア、エルサレム、アレクサンドリアの5つの都市に総大司教座が置かれました。その他、カルタゴやミラノ、エフェソスも重要な拠点になりました。

これらの拠点を舞台に、多くのキリスト教の学者が出ます。彼らは「教父」といわれ、これまでに紹介した教義上の論争などで重要な役割を果たしています。

キリスト教が拡大し始めた頃、やはりローマ世界で多くの支持を集めていた宗教にマニ教があります。マニ教では二元論的救済観が説かれ、キリスト教の正統派からは厳しく批判されました。その頃に活躍したのがオリゲネス（185頃～254頃）で、膨大な著作を残しましたが、死後300年も経ってから異端の嫌疑がかけられ、著作の多くは失われました。

その他、キリスト教には興味を持っていなかったけれども大病を患った後に回心し、5世紀初めに聖書をラテン語に翻訳したヒエロニムス（347頃〜420頃）（第5章参照）や、マニ教に傾倒した後、回心し、『神の国』などを著し正統神学を大成した古代最大の教父といわれるアウグスティヌス（354〜430）などが輩出しました。

4世紀は教皇よりも学者たちが活躍していた時代ともいえます。しかし、5世紀になるとキリスト教会にも政治力のある人間が必要とされてきます。

## フン族と対峙する大教皇レオ1世

永遠の都とも呼ばれたローマですが、3世紀の末、ディオクレティアヌス帝はローマを離れ、ミラノに宮殿を移していました。

続いて330年、コンスタンティヌス大帝はビザンティオン（後のコンスタンティノープル、現在のイスタンブール）に都を移しました。このことは、世俗の干渉が緩くなるという点で、ローマ教皇とキリスト教会にとって悪いことではありませんでした。

ローマ帝国が東西に分裂し、西ローマ帝国の初代皇帝ホノリウスの時代にはイタリア半島北東のラヴェンナが都になりました。イタリア半島に侵入した西ゴート族のアラリックとローマ教皇インノケンティウス1世の話し合いは功を奏せず、410年、西ゴート族はローマを略奪しました。このとき教皇はラヴェンナで和平交渉中だったため、難を逃れました。その後も教皇がローマを離れなかったことは、人々に教皇に対する信頼感を与えました。

ところで、5世紀になると、西ローマ帝国の皇帝権力の弱体化が急激に進行します。それが即、教皇権力の拡大につながったわけではありませんが、ローマを基盤とする教皇の中に傑物が現れます。その最初ともいうべき人物がレオ1世（在位440〜461）です。

彼は教義面でも451年のカルケドン公会議でイエスの人性を強調する単性論を排除、イエスの人性・神性の両方をいう両性論を正統教義と認定するなど、政治力を発揮します。また、レオ1世はこの時代、イタリア半島を襲ったフン族に毅然とした対応をとったことでよく知られています。

5世紀中頃、フン族のアッティラ王がイタリア半島への侵入を図ります。レオ1世は北イタリアまで赴き、アッティラと交渉、フン族が半島から退去することを合意させました。さらにその4年後にイタリア半島に侵入したヴァンダル族とも交渉し、損害を軽減させたとされます。レオ1世が「大教皇」といわれる理由です。

## 西ローマ帝国の滅亡と東西教会の統一

フン族が去った後、ローマ帝国の新たな脅威はゲルマン人でした。ゲルマン人は傭兵や農民としてすでにローマ領内に入っていました。傭兵隊長になっていたオドアケルが476年に西ローマ皇帝ロムルス・アウグストゥルスを廃位させ、西ローマ帝国は滅亡しました。時の教皇は何もできず、これ以降、教皇に対するゲルマンの圧力が強まっていきます。

オドアケルはラヴェンナを拠点にしていましたが、東ゴート族のテオドリックに倒されます。テオドリックは東ローマ皇帝ゼノン（在位474〜491）の許可を得て、西ローマ帝国滅亡から17年後の493年、イタリア半島に東ゴート王国を樹立しました。テオドリック（在位473頃〜526）の時代、東ゴート王国はイタリア半島からクロアチア、スロベニア、ハンガリーまでを支配し、国家の安定のため、周辺諸国との姻戚関係を拡大しました。自らはフランク王国のクローヴィスの娘を正室に迎え、2人の娘を西ゴートとブルグンド王国、妹をヴァンダル王国にそれぞれ嫁がせました。

ところで、東ゴート王国はニケーア公会議で異端となったアリウス派を信仰していました。アリウス派は異端の決定後、ゲルマン世界に布教されていたからです。東ゴート王国では、524年、テオドリックに仕えていたローマ人哲学者で政治家でもあったボエティウスが、国王の不信感から処刑されました。『哲学の慰め』など彼の著作は多くの読者を集め、「最初のスコラ哲学者」と讃えられることがあります。

東ゴート王国では嫡男がいないままにテオドリックが死亡したため、彼の孫が幼少で即位しますが、これが東ゴート国内の混乱の始まりでした。フランク王国軍の支援を要請したり、西ゴートの支援も得たりして、体制の維持を図ろうとしました。しかしフランク王国との関係が悪化、また、東ローマ帝国（ビザンツ帝国）軍の攻撃も本格化して、553年、東ゴート王国は滅亡しました。

東ローマ帝国で6世紀半ばに即位したユスティニアヌス大帝（在位527〜565、第7章参照）は、東ゴート王国を牽制するため、イタリア半島周辺に海軍を派遣します。これに乗じてこのときのローマ教皇ペラギウス1世（在位556〜561）は、ユスティニアヌス大帝とコンスタンティノープル総主教に接近します。対立していた教義上の問題で和解し、東西教会はいったん、統一されました。

## 混乱の中で活躍する大教皇グレゴリウス1世

東ゴート王国が滅亡した時の教皇はウィギリウス（在位537〜555）です。彼は東ローマ帝国に派遣されていた際に、皇帝ユスティニアヌスの皇后テオドラの信頼を得て、ローマが反対していた単性論を承認することを条件に、次期教皇になる保証を得ました。しかし、ローマに戻ると、東ゴート王が推薦した人物が教皇の座に就い

■4〜5世紀の地中海世界

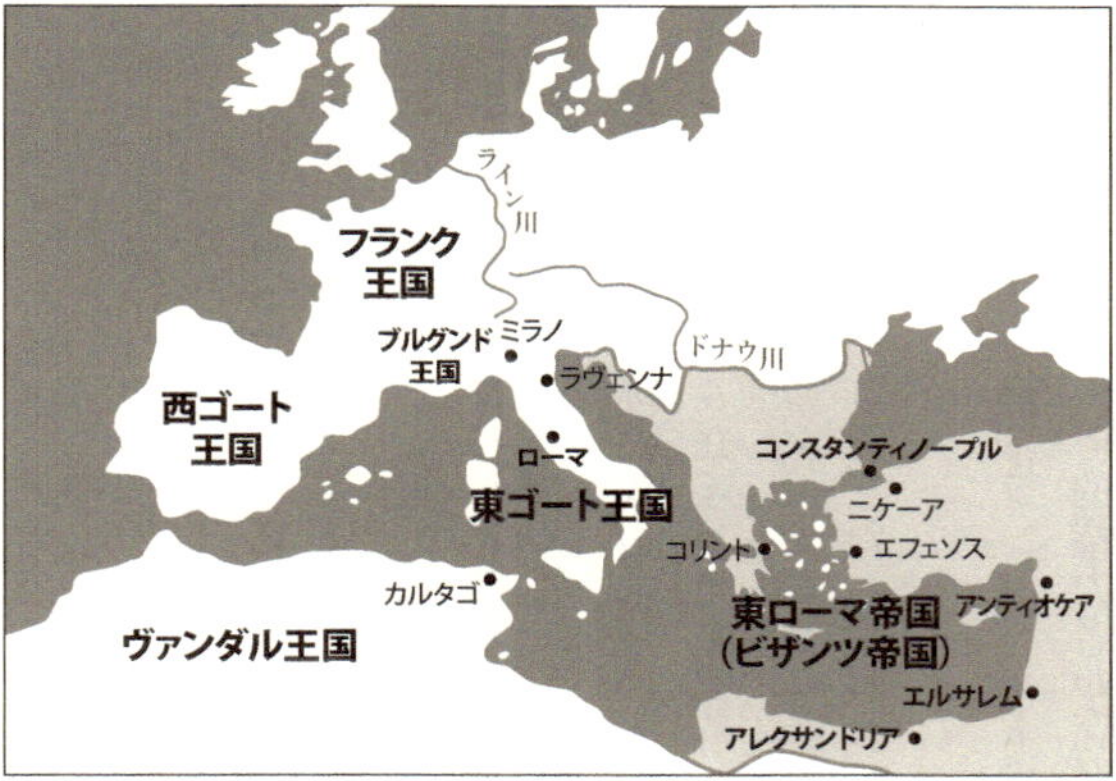


ていました。

テオドラは政治力でウィギリウスを教皇に即位させますが、彼はテオドラとの約束を守らず、ユスティニアヌス大帝の不興をかっただけでなく、一方のローマでは、ユスティニアヌス大帝と妥協したことが嫌われました。

東ゴート王国の滅亡によりイタリア半島は東ローマ帝国領になり、ユスティニアヌスによる「東西ローマ帝国」の再統一は実現されましたが、彼の死後、東ローマ帝国は東方のササン朝ペルシア帝国との対立が激化します。

東ローマ帝国がイタリア半島の領土に手が回らなくなった隙に、ランゴバルド族のアルボインがイタリア半島に王国を建国しました。

東ゴート王国の滅亡からランゴバルドの建国という混乱の時代、ヨハネス3世（在位561～574）、ベネディクト1世（在位575～579）、ペラギウス2世（在位579～590）の3人の教皇は、一般民衆の救済のため努力しました。特にペラギウス2世は、東ローマ帝国の支援が受けられない中、正統教義に改宗したフランク王国に期待しましたが、援助は得られませんでした。そんなとき、東ローマ帝国のラヴェンナ総督がランゴバルドとの休戦を実現させたため、改めてローマの復興に取り掛かりました。

ペラギウス2世の後の教皇は、レオ1世と並び「大教皇」と呼ばれるグレゴリウス1世（在位590～604）です。

彼は元々世俗的な栄達には興味のない禁欲的な人物でしたが、それが彼の宗教者としての評判に結びつきました。請われて教皇大使にまでなり、コンスタンティノープルに派遣されました。

当時のイタリア半島はランゴバルドの侵入だけでなく、飢饉や疫病で混乱していました。また、強力な世俗的権力者が存在しませんでした。このイタリア半島で、グレゴリウス1世はそれを代弁するような役割を果たします。教区領を検分し、貧民救済の措置をとり、東ローマ帝国の権威を認めながらも、そのラヴェンナ総督を無視してランゴバルドとの交渉を行いました。

このような姿勢からもわかるように、彼はコンスタンティノープル総主教とローマ教皇が対等であるという立場には徹底的に反対し、ローマの首位権を主張し通しました。

ここでは教皇と書いていますが、厳密にいうと当時は「ローマ司教」でした。「教皇（Pope）」が一般化するのは11世紀以降のことです。また、カトリック教会では組織の最高位者としてこの称号を用いますが、東方教会では一般の司教などにも用います。

グレゴリウス1世は政治的な活動だけでなく、教会改革にも精力的でした。修道院出身の彼は、修道士を重用しただけでなく、宗教活動の指導書を著しました。グレゴリウス聖歌を定めたのも彼であり、グレゴリウス典礼の整備にも努めました。旧約聖書の「ヨブ記」（神が善人のヨブに試練を与え、人間社会の「義人の苦難」を主要テーマにしています）の解説書を著すなど能文家でもあり、その他にも多くの著作を残しています。

## 第7章

# 帝国の分裂と教会の危機

### 偶像の是非が関係悪化を招く

ローマ教会の歴史を扱う際、西方世界ばかりに目が向いてしまうのですが、東ローマ帝国（ビザンツ帝国）の重要性を忘れてはなりません。この国はギリシャ的様相が色濃く、ギリシャ人が建設した都市の名にちなんでビザンツ帝国と呼ばれるようになりますが、そこでの皇帝権力は、古代ローマ帝国を継承していました。そして、東方の勢力から西方世界を守る防波堤的な位置付けだけでなく、東ヨーロッパ世界へのキリスト教の拡大という点からも、歴史的に重要な役割を果たします。

## 最初の東西分裂

4世紀になると、ローマ帝国では、「発祥の地」イタリア半島よりもビザンティオン(後のコンスタンティノープル)を中心に、東方の重要性が増してきます。経済的な豊かさに加え、ササン朝ペルシアの脅威に対抗しなければならないという事情もありました。西方でもゲルマン民族への対応が重要課題になりましたが、ゲルマン民族は傭兵や農民としてローマ領内に徐々に入りこんでいたため、抵抗感が少なかったのです。相対的に東方の重要性が高まり、4世紀前半にコンスタンティノープル遷都が行われました。

そして、ローマ教会とコンスタンティノープル教会の対立が目立つようになります。それぞれの司教や学者の説に、相手方が反対するというパターンがあり、それに皇帝など世俗権力が絡み、さらには西方のラテン語圏と東方のギリシャ語圏という文化的違いも加わって、状況は複雑になっていきました。西ローマ帝国は476年に滅亡します。

451年のカルケドン公会議では単性論が排除されましたが、東方世界では、単性論を信奉する人々がなお多くいました。東ローマ皇帝ゼノンは単性論・両性論の妥協を図ろうとし、482年、「一致令」を出しました。実際はコンスタンティノープルの総主教アカキオスが起草したものでした。

東方世界では異論は出ませんでしたが、西方ではローマ司教が反対し、抗議文をコンスタンティノープルに送りました。しかし無視されたため、519年までの約40年余り、最初の東西分裂が生じました。

当時のイタリア半島では、東ゴート族のテオドリックが権力を握っていました。彼はローマ教会内の代表者を呼び、東方教会との和解を進める方向で話し合いをさせたのですが、事態はかえって悪化しました。教皇シンマクス（在位498～514）は東方教会に反対する急先鋒で、敵対派に襲撃される事件まで起きます。テオドリックは反対派をローマから追放して事態を収拾しました。

この頃、東ローマ帝国でも強硬派の皇帝に代わり、新皇帝ユスティヌス1世（在位518～527）とコンスタンティノープル総主教ヨハネスが柔軟路線に変更、カルケドン公会議の決定に戻ったため、教会分裂はいったん収束しました。なお、ユスティヌス1世の下で、養子のユスティニアヌスがローマ帝国の再統一という壮大なプランを持っており、西方教会との関係を改善しておいた方がいいという思惑があったという見方があります。

## ローマ帝国再興を目指したユスティニアヌス大帝

ユスティニアヌスは483年、現在のマケドニアで農民の子として生まれました。叔父の東ローマ皇帝ユスティヌス1世の養子になり、腹心として活躍。その死後、皇帝に即位します（在位527〜565）。

農民出身の彼は、東ローマ帝国の貴族たちに親しい仲間がおらず、有能な人材の登用に積極的でした。法学者として知られ、『ローマ法大全』を編纂したトリボニアヌスはその一人です。

ユスティニアヌスは20歳年下のテオドラと結婚します。時に優柔不断であったユスティニアヌスを、知性に恵まれた彼女はよく助けました。即位後、間もなく起きたニカの乱（不満分子の反乱）をテオドラの助言で乗り切ったユスティニアヌスは、ローマ帝国再興に向けて精力的に活動を開始します。ヴァンダル王国や東ゴート王国を滅ぼし大帝と称されます。

オスマン帝国時代にイスラム寺院に改築されましたが、ユスティニアヌスが再建した聖ソフィア（ハギア・ソフィア）寺院はキリスト教建造物の傑作です。

ユスティニアヌス時代にも「イエスとはいかなる存在なのか」という論争は続いていました。ニケーア公会議（３２５年）からコンスタンティノープル公会議（３８１年）、エフェソス公会議（４３１年）、そしてカルケドン公会議（４５１年）を経て、単性論・両性論については、政治的決着をみたのですが、ユスティニアヌスの時代にも議論は再燃します。さらに、ユスティニアヌスの帝国再統一の思惑とも絡み、事態は複雑になります。

ユスティニアヌスが、多くの信者の支持を集めていた主教たちによって書かれた3つの文書について、異端と宣言する勅令を出したことが始まりでした。それらの文書には、異端とされたネストリウス（単性論）の考えが反映しているというのが理由でした。これは「三章問題」といわれ、1世紀以上も前の文書を持ち出したユスティニアヌスの意図としては、正統教義と単性論の妥協を狙ったものなのですが、この勅令に対するローマ教皇の態度の優柔不断さから諸勢力の対立が深まりました。

三章問題やイタリア半島での東ゴート王国（553年に滅亡）、新しい侵入者ランゴバルドとの問題もあり、ローマ教皇は東ローマ皇帝との関係の調整に翻弄されました。また、486年にはフランク族のクローヴィスがフランク王国を建国、彼は正統派のキリスト教に改宗し、それ以前にアリウス派を信仰していたゲルマン民族とローマ教皇との関係は一新されます。

しかし、ローマ教皇は、教皇に選出されても東ローマの皇帝に承認されなければ権威が保証されないという、東ローマ帝国に対するハンディを抱えていました。565年にユスティニアヌスは死去しますが、基本的な関係は変わりませんでした。

6世紀末、教皇に選ばれた「大教皇」グレゴリウス1世（在位590～604）は、精力的な活動を開始、東ローマ皇帝の政治的優越性は認めたものの、イタリア半島における東ローマ帝国の代理人ラヴェンナ総督を無視し、ランゴバルドとの交渉などは自ら行いました。また、コンスタンティノープル総主教の地位がローマ教皇と対等であるという立場は絶対に認めませんでした（第6章参照）。

# 聖像破壊令が東西教会対立の激化を招く

8世紀初め、イスラム勢力がコンスタンティノープルに攻撃を仕掛けていた頃、東ローマ皇帝テオドシウス3世には軍事的才能がなく、国民の不満が渦巻いていました。その後、コンスタンティノープル総主教などに担がれて皇帝になったレオ3世（在位717〜741）は巧妙な作戦でイスラムとの戦いに勝利し、以後、オスマン帝国時代までイスラムのコンスタンティノープル攻撃はありませんでした。

このレオ3世が726年に発布したのが「聖像崇拝禁止令（聖像破壊令、イコノクラスム）」です。この命令の拠り所は、モーセの「十戒」にある「偶像を作ってはならない」という条項とともに、イエスの神性を強調する単性論の立場からも大いに意味のあることでした。

聖像破壊令は一部の聖職者や知識人の支持を得ましたが、反対派もたくさんいました。東ローマ帝国ではギリシャ的伝統を受け継ぎ、神々を具体的に造形してきており、偶像は奇異なものではありませんでした。しかし、精神的な側面が強いキリスト教の教義との折り合いは簡単にはつかず、帝国内部を二分する論争・対立を生み出しました。

ローマ教会は聖像破壊令に対し、反対の態度をとり、教皇グレゴリウス2世、グレゴリウス3世は教会会議を開き、皇帝を厳しく非難しました。一方の東ローマ帝国ではレオ3世を継承した皇帝が反対派を厳しく取り締まりました。この間の両者の駆け引きでは皇帝によるローマ教皇暗殺計画もあったといわれますから、教義問題はもちろん、東西教会に世俗的な対抗意識があったことは確かです。

8世紀後半、皇帝レオ4世の皇后イレーネは聖像崇拝賛成派でしたが、反対派を弾圧する夫の手前、反対の立場をとっていました。780年にレオ4世が亡くなると、皇帝となった息子の摂政として権力を振るいます。同じく聖像崇拝反対派のコンスタンティノープル総主教の引退後、787年、第2ニケーア公会議を開き、聖像破壊令を無効とし、東西対立をいったん収めました。

イレーネは、母に反抗する息子を捕らえ、追放刑に処しました。797年、自ら皇帝に即位し、東ローマ帝国唯一の女帝となります。

その直後の800年、フランク王国のシャルル（カール）が教皇レオ3世によってローマ皇帝の冠を授かりました。西方世界にも「皇帝」が誕生したことになります。しかし、ローマでは女帝を認めていなかったため、東ローマ帝国には皇帝が存在しないという政治的思惑もありました。イレーネ自身はシャルルとの結婚に乗り気だったようですが、彼女は802年、国内の反フランク派勢力のクーデターで失脚し、翌年に亡くなります。このような混乱は、ローマ帝国の唯一の継承者という、東ローマ帝国が維持してきた威信を揺るがしました。

少し時間を遡りますが、8世紀後半、ローマでは「コンスタンティヌスの寄進状」という文書が偽造されていました。4世紀にコンスタンティヌス大帝がローマ司教（教皇）に自分と等しい権力を与えたという内容で、イタリア半島におけるローマ司教の主権を正当化するために作られました（この文献が偽書であることはルネサンス時代に証明されます）。東西教会の対立の生々しい一面です。

なお815年、東ローマ帝国で聖像破壊令が復活しますが、支持する人々は少なくなっており、843年には再び廃止されました。

この政策の世俗的な側面について、東ローマ帝国内で大きな力を持っていた修道院は聖像（イコン）の作製者でもあり、このような修道院を抑えることが皇帝権力の強化につながるため、破壊令を出したのだと説明する学者もいます。

さらに、この過程で皇帝は修道院の持つ土地を没収し、東ローマ帝国はそれを基盤になお150年ほど繁栄期を維持できたという見方があります。しかし、11世紀以降、セルジューク朝の進出や1054年の東西教会の相互破門による教会の分裂の決定、十字軍といった事件により、東ローマ帝国が衰退に向かうのを止めることはできなくなりました。

なお、相互破門とは、たまたまコンスタンティノープルを訪問していたローマ教皇の使節とコンスタンティノープル総主教が対立し、双方が破門状を突き付けたというものです。事件そのものは偶発的とも考えられますが、一般的にこれが東西教会分裂の決定的事件とされています。

# 第8章

# 教皇権と皇帝権

## ヨーロッパ世界の形成

「ヨーロッパ」という言葉があります。これは一般に、カール大帝の「ローマ皇帝」戴冠とともに成立したと理解されています。西ローマ帝国が滅亡してから、ヨーロッパという新しい秩序が生まれるまでの300年以上、西方地域で核となる存在はローマ教会でした。世俗世界ではゲルマン人が各地で国家を建国していましたが、フランク族のカールが今日のドイツ・フランス・イタリアを統一すると、教皇は彼にローマ皇帝の冠を与えました。

# フランク王国がラヴェンナを寄進する

大教皇グレゴリウス1世以降、ローマ教皇は、東方の東ローマ帝国（ビザンツ帝国）、イタリア半島のランゴバルド王国、そしてガリアのフランク王国の3者に対して、自らの立場を少しでも優位に立たせようとする外交努力を続けていました。

ランゴバルド王国にとっては、イスラム勢力と対峙する東ローマ帝国が西方に目を向ける余裕がなかったことが幸いしました。しかし、7世紀の半ば以降は王位継承での混乱が続き、また、東ローマ帝国総督府があったラヴェンナからローマにかけての半島中央部は東ローマ帝国の影響力が大きく、ランゴバルド王国は大きく二分される状況でした。

8世紀には、ランゴバルド王国北部の有能な指導者リウトプランドが、東ローマ帝国とローマ教皇が聖像破壊令の問題で対立しているのを利用し、ラヴェンナを奪いました。新しい教皇グレゴリウス3世（在位731～741）は即位後、ランゴバルド王国と東ローマ帝国の間で巧みな外交を行って、東ローマ帝国との関係を改善し、ラヴェンナも回復しましたが、リウトプランドの拡大政策は続きました。

フランク王国では732年、カール・マルテルがトゥール・ポアティエの戦いで北上してきたイスラム勢力を破ります。彼はリウトプランドと同盟して地中海のイスラム勢力とも戦いました。

しかしリウトプランドの死後、即位したランゴバルドの新国王はフランク王国と対立、ラヴェンナを奪うと、教皇ステファヌス2（3世とも。先代ステファヌスが教皇選出後、正式な就任前に急死したため、2世もしくは3世と呼ばれます。以降ステファヌスの呼び方は同様）世（在位752〜757）は、メロヴィング朝に代わってカロリング朝を建てた、カール・マルテルの子ピピン3世に支援を要請します。ピピンはイタリア半島に軍を進め、ラヴェンナを奪還し、756年には、カロリング朝の承認への返礼として、同地を寄進しました。これが教皇領の始まりです。

ランゴバルド王国はなお健在で、フランク王国のピピンの子カール（後のカール大帝）の弟のカールマンと結び、フランク王国の政治に介入しようとしました。これがかえってカールのイタリア侵入を招き、774年、イタリア半島北西部にある都のパヴィアが陥落、フランク王国が半島中央部までを支配下に入れました。これによってランゴバルド王国は実質的に滅亡しました。

ところで、ローマ教皇レオ3世（在位795〜816）は評判が悪く、ローマを追われ、カールに助けを求めます。教皇を助けたカールは800年のクリスマスに、「ローマ皇帝」の冠を戴きました。神聖ローマ帝国皇帝が教皇から戴冠されるようになるのはこのことを起源にします。教皇レオ3世は、以後、東ローマ帝国との関係を遮断してフランク王国との関係を緊密化します。

かつてのローマ帝国に比べると、この時代のヨーロッパは文化的に劣る、「蛮族（ゲルマン人）」の世界でした。世俗的な力を持たない教皇は、古代ローマ帝国では皇帝によって公認され、国教化されたことを思い起こし、カールこそ、かつてのローマ帝国の復活者と認識したのでしょう。世俗的な意味でも、教皇にとって大変に頼りになる存在であったゆえに、476年に消滅してしまった西ローマ「皇帝」の称号が復活したのです。

# カールの戴冠とヨーロッパの成立

カール大帝の戴冠は「ローマの伝統」「キリスト教」「ゲルマン民族」という歴史的な要素が一体化したものであり、これを「ヨーロッパ」の成立とする考え方が一般的に受け入れられています。

ともかく、カール大帝の統一は持続しませんでした。彼の孫の代になって、統一国家は大きく3つに分裂します。

その結果、現在のフランス・イタリア・ドイツの原形ができますが、どの国でも強力な中央集権国家が誕生したわけではなく、中小の諸侯たちが群立し、封建制もまだ形成されていない、混沌とした時代でした。

カール大帝に「ローマ皇帝」の冠を授けたレオ3世から、オットー1大帝に冠を与えたヨハネス12世（在位955～964）までの間に33人の教皇がいます。この間140年ほどですから、1人あたりの平均在位期間は約4年です。最長で16年ほど、短くて数カ月・数日という人物もいて、長期的なプランを立案できるような時代ではありませ

## 教皇権と皇帝権

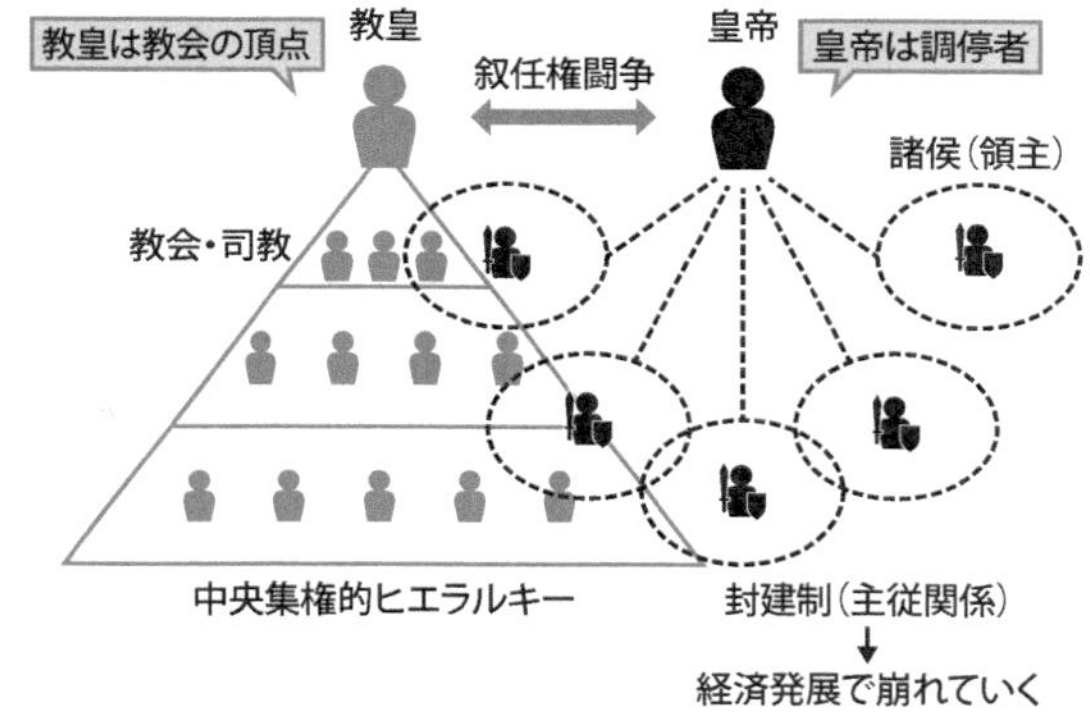


せんでした。教皇の選出そのものに世俗の有力者が様々な絡み方をしたのも原因でした。

カール大帝と教皇レオ３世以降、「教皇権」と「皇帝権」という意識が出てきました。９世紀から13世紀にかけての教会は教皇権を強化しようという、世俗権力（皇帝）との戦いの連続でした。11世紀後半の「グレゴリウス改革（聖職叙任権闘争）」はその頂点の１つですが、そこに至るのにカールの戴冠から２５０年ほどの時間がかかっています。

教皇レオ３世を継承した教皇ステファヌス４（５）世（在位８１６〜８１７）は、アルプスを越えてドイツに入り、カール大帝の息子ルートヴィヒ１世に会見、自ら携えてきた帝冠を授ける儀式を取り行い、教皇権の優越を示そうとしました。しかし、カール大帝の時代と同様、世俗権力が教皇を圧倒しており、教皇側の試みはことごとく失敗に終わりました。

それでも840年にルートヴィヒ1世が亡くなり、その息子（カール大帝の孫）ロタールたちが争った際、彼らは教皇に接近し、教皇の権威に頼って自らの正統化を図りました。この過程で、イタリア王になったロタールは、教皇から父親（ルートヴィヒ）との共同皇帝・イタリア王・単独の皇帝として、それぞれの冠を戴きましたが、このことにより、「帝冠」や「王冠」は教皇から授けられるという慣例ができあがりました。

9世紀半ばの教皇ニコラウス1世（在位858～867）は、教皇の立場を示すために、皇帝の横暴を許しませんでした。ロタール2世の離婚問題では、それに賛成する司教を罷免するなど対決姿勢を貫きます。皇帝も負けてはいなかったのですが、教皇権の背後にはローマ市民の支持もあり、あまり強引な対応ができませんでした。

# 我が子のために死者を裁く

教皇フォルモスス（在位891〜896）は、イタリア王で西ローマ皇帝グイード（イタリア王として在位889〜894）と、彼の息子の皇帝戴冠要求を巡り対立しました。フォルモススは東フランク王アルヌルフ（王として在位887〜899）に支援を要請し、その見返りとして、アルヌルフに皇帝の冠を与えました。

ところが、次（正確には2代後）の教皇ステファヌス6（7）世の背後にはグイードの王妃がいて、彼女は、息子に冠を与えなかったステファヌスに強制し、9カ月も前に死んでいたフォルモススの遺体を掘り出し、裁判にかけさせるという愚挙を行いました。併せてフォルモスス派は追放されました。この背後には、教会を舞台にした対立があったのです。

教皇庁の混乱は続きます。その最たるものが、10世紀前半の「ポルノクラシー（娼婦政治）」です。ことの始まりは教皇セルギウス3世（在位904〜911）です。彼自身、野心家であり、有力者の貴族テオフィラクトゥスに接近。彼と、彼の妻テオドラを味方に引き入れたつもりが、逆にこのテオドラたちに手玉にとられます。彼とテオドラの娘マロツィアとの間には子供まで生まれます。

このマロツィアはイタリア半島中東部のスポレート公と結婚し、夫の死後には、中西部を治めるトスカナ伯と再婚しようとしますが、教皇ヨハネス10世（在位914〜928）に反対されると、教皇を捕らえ、獄死させました。

さらにセルギウス3世との間にできた子供をヨハネス11世（在位931〜935）として教皇にしたのです。マロツィアの傍若無人さは続き、イタリア王プロヴァンスのユーグとの3度目の結婚を企てました。その結婚は血縁関係から認められないにもかかわらず、彼女は結婚を強行し、怒った息子アルベリーゴに捕らえられ獄中死しました。

そのアルベリーゴの息子は後にヨハネス12世（在位955〜964）として教皇になります。この一連の混乱をポルノクラシーと呼びます。そして、このヨハネス12世がオットーにローマ皇帝の冠を与えるのです。

# 神聖ローマ帝国の成立

ザクセン家のオットー1世（ドイツ王として在位936〜973、イタリア王として在位951〜973、神聖ローマ皇帝として在位962〜973）は即位とともに集権的な支配を目指しました。これに抵抗する反乱を鎮圧した彼は、有力領地に近親者を配置する血縁的支配を作りあげるのですが、息子の反発を受け、近親者・血縁による支配の限界を悟り、教会・聖職者を利用した政治を考え始めます。

そんな時、東方から迫ってきたマジャール人（ハンガリー人の祖先）を955年、レヒフェルトの戦いで破ります。東方の「蛮族」からキリスト教世界を守った英雄としてその名を高めました。

時のローマ教皇ヨハネス12世は教会内で評判が悪く、その地位を守るためオットーに助けを求め、イタリア全土を教皇領として保障することの代償に、彼にローマ皇帝の冠を与えました。962年のことです。

オットーの方もローマ皇帝の座を求めていたので両者の利害が一致したわけですが、

オットーがイタリア半島を去ると、ヨハネス12世は半島の実力者との関係の改善を図ります。怒ったオットーは新教皇レオ8世を擁立しました。964年、混乱の中にヨハネス12世は急死しました。

オットーはカール大帝が行ったように、国家の統一に聖職者や教会を利用しました。これを帝国教会政策といいます。そのために、イタリア半島に圧力をかけました（イタリア政策）。さらに、国家の権威を高めるために努力します。

この段階で彼が治めていたのは単なる「帝国」だったのですが、ヨーロッパの人間にとってそれは「ローマ帝国」であり、後に「神聖ローマ帝国」と呼ばれるようになります。この段階ではまだ「神聖」という言葉は付いていないのですが、歴史的には、慣用で、オットー以降をそう呼んでいます。

■キリスト教 各派分裂の流れ

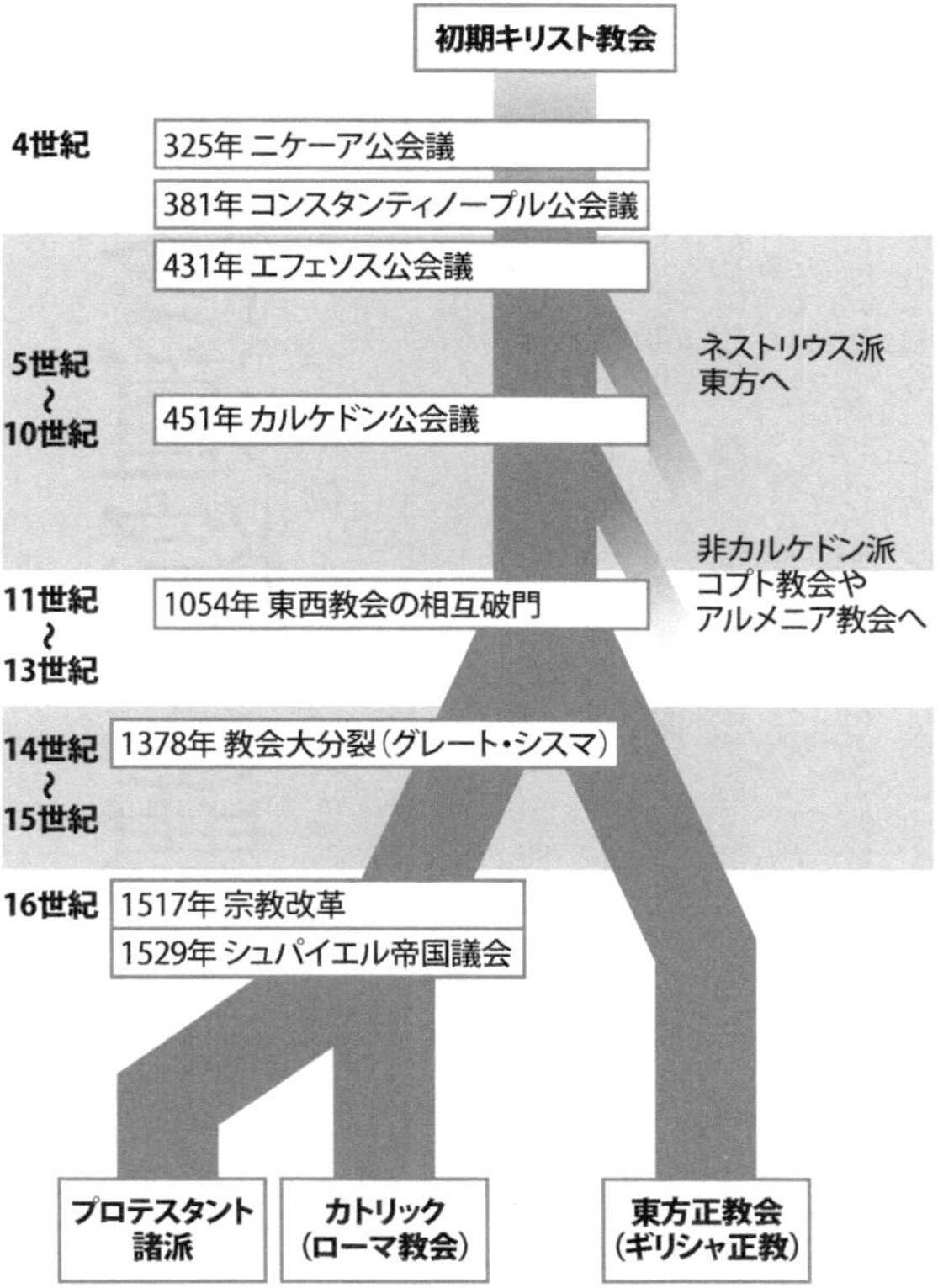

# 第9章

# 修道院と農業改革

## 祈り・学び・働く世界の誕生と変遷

キリスト教には三位一体論などの原理的な教義があります。神とはいかなる存在なのかを真摯に追究してきた神学者たちがいる一方で、その神に対してひたすら献身してきた修道院の人々もいます。彼らは世俗を離れ、孤独で禁欲的な生活をすることで神を実感しようとしました。禁欲的な生活といっても生存のためには最低限の物資は必要であり、人里離れた場所で自給自足的生活を営みます。修道院は教会にも強い影響をもたらします。

# 魂の平安を求める生活

修道院は、中世になると世俗勢力をしのぐほどの大きな力を持つようになります。創設期の修道院は魂の平安を求める禁欲主義的な傾向を強く持っていました。修道士の「元祖」ともいわれるエジプト人の聖アントニウス（251頃～356）は敬虔なキリスト教徒の両親の下で育ち、20歳の頃、聖書の言葉に啓発され、修道生活を始めました。

80年にもなる彼の修道生活は多くの人々に影響を与えました。そのような人物の一人にアレクサンドリアの司教アタナシウスがいます。アタナシウスは、325年のニケーア公会議でアリウス派を論駁したことでよく知られます。

アントニウスのように、孤独に禁欲的な生活をおくった人たちのことを隠修士といいます。そのような隠修士によって修道院活動はエジプトから地中海東海岸、さらにローマへと拡大していきました。

人間は禁欲を実践できるのかという問いかけへの答えは人それぞれに異なります。

しかし、欲望のままに暮らしている人間も、ふと虚しさを感じることがありますし、戦うことに邁進する傭兵も時に心の休息を求めます。人間の感情・内面というのは複雑なものです。キリスト教徒の場合、ローマ帝国で行われた迫害という苦難に耐えるためにも、禁欲は効用があったのかもしれません。

禁欲というと、前5世紀頃、釈迦とほぼ同じ時代のインドに出たヴァルダマーナ（マハーヴィラ）が有名です。ジャイナ教を始めたヴァルダマーナは、究極の禁欲ともいえる「静寂の中での餓死」を示しました。そこまでの極端な立場はともかく、ヘレニズム時代のストア哲学やエピクロス派哲学などには、心の平安を説き、禁欲に連なっていく思想が表れています。

これらの影響も考えられるのですが、ユダヤ教のエッセナ派は世俗から離れ、自分たちだけで厳格な集団生活を送っていました。イエスはこの集団の影響を受けていたという説もあります。キリスト教の禁欲主義は修道院活動を通じて広まっていき、今日にまでその活動は続いています。

## 後世のモデルとなったベネディクト修道会

ヨーロッパの修道院制度の創始者というべき人物は聖ベネディクト（480頃〜547頃）です。彼は、東ゴート王国のテオドリック王や、王に処刑されたボエティウス（第6章参照）と同時代の人物です。

貴族の家系に生まれた彼は、ローマの行政官を目指し、そのための教養を積みましたが、やがてキリスト教に生涯を捧げる決心をして退学、隠修士の生活に入りました。彼の姿に共感する人々が集まってきて、ローマとナポリの間、モンテ・カッシーノに修道院を建設する前に12の修道院を建設していました。そこには軍人や奴隷、さらには罪人までもがやってきたそうです。ベネディクトの評判が高まると、反感を持つ者も多くなり、529年、モンテ・カッシーノに移りました。

彼は修道生活で守るべき「聖ベネディクトの戒律」を作成します。これは12世紀頃までにヨーロッパの修道院の規範になりました。「清貧」「貞潔」「従順」「定住」という約束を確認し、祈りと労働の共同生活を行いました。そして、彼らの伝道の範囲は現在のドイツやフランス、イギリスはもちろん、アイスランド、スペイン、スカンディナビア地方に及び、後世への影響は計り知れないものがありました。

厳格な修道会ではあったのですが、時間が経つにつれ、寄進などで土地や財産が集まると、堕落は避けられませんでした。

910年、フランス中部にクリュニー修道院が設立されます。これはモンテ・カッシーノから刷新を図る修道士たちが分派した結果です。さらに、この修道院の影響がロレーヌ地方の修道院にも及び、その影響を受けた教皇グレゴリウスが教会改革を実行します（第10章参照）。

## さらに厳しくなるベネディクトの戒律

シトー派修道会は、11世紀末、クリュニーの修道士だった人物がクリュニーを離れ、フランスのシトーに設立した集団です。そこでは「聖ベネディクトの戒律」をより厳格に守ることを旨としました。とりわけ派手な典礼の禁止は、出身のクリュニー修道

■中世の修道院の一日

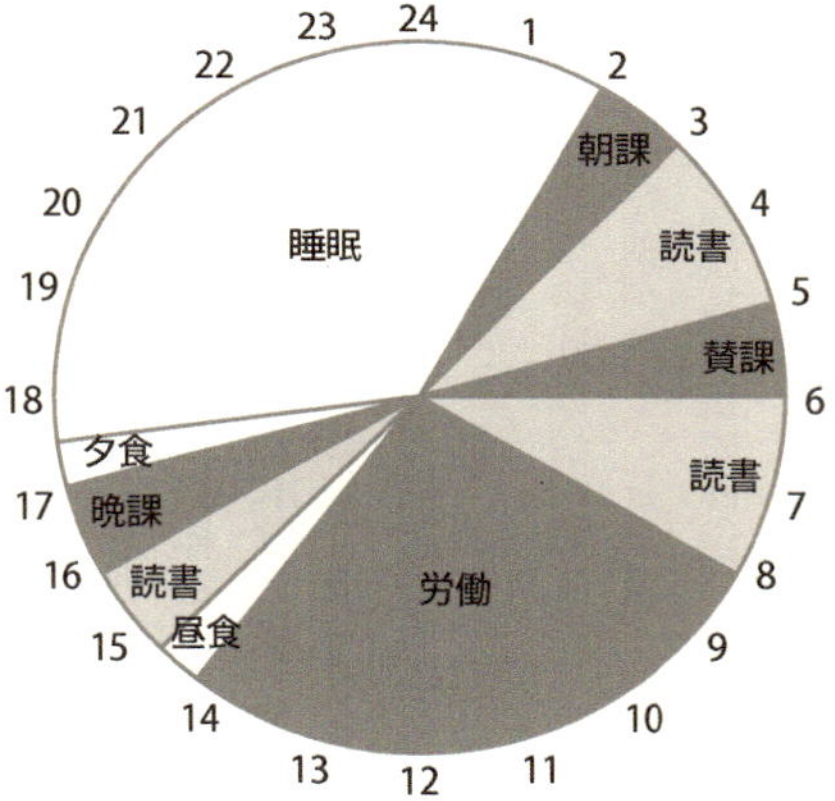


院を批判することになりました。否、彼らは貴族的になったクリュニーを批判し、新たな活動の場を求めたのです。

特にクレルボーのベルナールという人物が有名です。彼は十字軍を呼び掛け、第2回十字軍（「ベルナールの十字軍」の異名があります）を実現させました。また、シトー派修道会の最盛期をもたらした人物でもあります。

このシトー派では、修道院のスローガン「祈れ・学べ・働け」から「学べ」が影をひそめるようになります。決して学ぶ姿勢が軽んじられたわけではないのですが、それ以上に「祈れ」と「働け」が推奨されました。

中世社会は自給自足が原則であり、修道士たちも自分の食料・生活必需品を自給しなければなりません。彼らは農地の開拓から始まって牧畜など様々な活動を行いました。

こういった背景があり、耕地の開墾が進められ、新しい農業技術の工夫も進み、中世の農業の発展に大きな貢献をすることになりました。三圃制や有輪犂《ゆうりんすき》といった新しい技術は、修道院の活動によって一般の農民たちにも広まっていきました。

シトー派の「働け」という立場を発展させ、修道士たちが「働かざる者　食うべからず」という精神で生産活動の中心にあったことに着目すると、修道院が社会的・経済的に大きな役割を果たしたという一面も見えてきます。

聖堂や修道院の建設現場では多くの人々が働くことになります。当時の建築方法としては石造建築が多く、石工職人が中心になりました。様々な職人たちも集まったことから食料の確保も重要課題になり、商人たちの活動も盛んになりました。

現代社会に比べれば、経済規模は大きくありませんが、教会や修道院などは、中世の経済を動かす拠点にもなっていたのです。

ところで、このシトー派、維持はされていくのですが、12～13世紀の勢いはやがてなくなっていき、フランス革命でいったん姿を消します。後にフランスのノルマンディー地方のトラップで再建されたシトー派は非常に厳格にベネディクトの戒律を守っていくことで知られ、「厳律シトー修道会」の名がついています。これは地名にちなみ「トラピスト」と呼ばれ、日本でも函館近郊の北斗市（女子は函館市）に拠点を構えています。

## 領主化する修道院への反発

中世の教会や修道院には膨大なお金が集まりました。死後の救済を願っての寄進が多かったのはいうまでもないことですが、それに加え、修道院が保有する土地での収穫物が大きな収入源になりました。修道士たちは自給自足的な生産活動を行っていたのですが、彼らの真面目な労働は、その収穫物を販売することで修道院の財政を潤しました。

さらにもう一歩進んだ段階になると、修道院が世俗の領主と変わらない状況が出てきます。つまり、修道士が労働するのをやめ、耕作を小作人に任せるようになります。このような状況に批判が出てくるのは当然です。

スペイン人ドミニクス（スペイン語読みではドミンゴ）は神学を研究する学徒でしたが、社会的弱者の救済の必要性を認識しただけでなく、異端に対しても厳しい目を向けるようになります。

といっても彼の説教は相手を厳しく論駁するようなものではなく、優しく語りかけ、相手から自分も学ぼうとする姿勢を持ち、多くの賛同者が出てきました。教皇インノケンティウス3世（在位1198〜1216）の後の教皇ホノリウス3世（在位1216〜1227）は彼の修道会を認可しました。彼らの一派は清貧に甘んじ、修道院（拠点はありますが）や所領を持つのではなく、フランスからスペインを巡礼して歩きました。そのため托鉢修道会と呼ばれます。

もう1つ有名なのが、アッシジのフランシスコが始めたフランシスコ会です。アッシジの聖者といわれるフランシスコですが、若い時はかなり放蕩な生活を送っていたようです。しかし神の声を聞いて回心、宗教活動を開始しました。

後述するように、この時代は、一般市民の間で新しい信仰実践運動が盛んになっており、教会は危機感を強めていました。フランシスコも初めは聖職者ではありませんでした。インノケンティウス3世は、彼らを体制内の存在にすることで、面倒な問題が起きるのを防いだともいえるでしょう。

しかし、このフランシスコ派の活動は目を見張るものもあります。中世の哲学者ウィリアム・オブ・オッカムやロジャー・ベーコン、教皇インノケンティウス4世（在位1243～1254）の命令でモンゴルへの大旅行をしたプラノ・カルピニもフランシスコ派の修道士です。

修道院活動は時間とともに変化します。古代は瞑想生活の場でしたが、中世には、托鉢修道会に示されるように、修道院を離れて積極的な布教活動を行うようになります。

宗教改革の時代に結成されたイエズス会はその最たるものですが、彼らの活動は全世界に広がっていきます。大航海時代のヨーロッパ各国の海外進出も、修道士たちの使命感を無視しては語れません。現代でも、病院や大学の運営その他、修道院は変わらず布教・奉仕活動を続けています。

第10章

# カノッサ事件の勝者とは

## 後世にも影響した叙任権闘争の一幕

なぜか「カノッサの屈辱」という歴史用語の方が有名ですが、これは「グレゴリウス改革」といわれる、中世キリスト教会最大の改革の進行中に起きたちょっとした事件でした。教皇と皇帝の対決は、長期にわたる戦争ではなく、懇願の3日間の後の謝罪と許しでけりがついてしまいました。しかし、その背景にあったものは単純ではなく、「カノッサの屈辱」で全てが解決されたわけでもありません。

## 教会と皇帝との戦い

一般に、聖職叙任権闘争とグレゴリウス改革はほぼ同一のものと考えられています。ドイツなどの学者はその立場のようですが、イギリスやフランスの学者はグレゴリウス改革という大きな流れの中の1つとして聖職叙任権闘争を位置づけることが多いようです。

厳密に考えるといろいろな問題も出てくるのでしょうが、詰まるところは「聖職者の任命権を誰が持っているのか」という問題です。そのようなことをなぜ問題にするのか、任命するのは教皇ではないのかと思われる方も多いと思います。この問題はそう簡単ではなく、掘り下げると、古代から続いてきた中世社会の厳しい現実が浮かび上がってきます。

ローマ帝国でキリスト教が国教化されたことはすでに触れました。その後、聖職者によるヨーロッパ各地への布教活動は地道ではありましたが着実に行われ、ヨーロッパ各地に教会や修道院が建設されていったこともすでに見たとおりです。しかし、それらの教会は軍事的には無力であり、世俗の諸侯たちの保護を受けざるを得ませんでした。

つまり教会は世俗の権力に左右される傾向が強く、その結果として、修道院長や司教、大司教といった役職を世俗権力が任命するだけでなく、その地位に就いてしまうことが当たり前の世界でした。

このような状況で、教会内部で「あるべき秩序（正しい秩序＝right order）」を求める声が大きくなってくるのは当然のことですが、何が「あるべき＝正しい」秩序であるかが問題になりました。併せて考えなければならないのは東ローマ帝国（ビザンツ帝国）との関係です。東ローマ帝国では皇帝が世俗の最高権力者であるとともに教会の支配者でもありました。

一方で、ローマ教会は、教皇権は皇帝権力の上に立つものと考えていました。実際には、皇帝権力の庇護がないと教皇権力は弱体化します。強力な皇帝権があってこそ、教皇権も強力になれたのであり、皇帝が教皇や大司教などを任命するのは当たり前という状況でした。教皇はこの現実を、世俗権力による聖職者の形式的な任命であって、教会の持つ叙任権を侵しているわけではないとして納得させていました。

カール大帝やオットー大帝のような強力な皇帝が出てきた時代はともかく、その間の皇帝権の弱い時代は、一般の貴族たちが教皇権を争うのが普通の状態でした。

さらに、叙任権と並んでシモニアやニコライティズムが問題になります。シモニアとは、世俗の支配下にある教会の役職（聖職）を、金品を使って手に入れようとしたり、高位の聖職を得るため聖職者が上席の聖職者に金品を送ったりすることです。ニコライティズムは聖職者が妻妾を持つことです。シモニアやニコライティズムは当時普通のことで、なかなか「改革」できない問題でした。

## 俗人聖職者を追放

教皇グレゴリウス７世（在位１０７３～１０８５）の名前で知られる改革は、グレゴリウスより20年以上も前の教皇レオ９世（在位１０４９～１０５４）の時代から始まっていいます。教皇就任前、グレゴリウスはローマに留まるだけでなく各地に出向き、聖職者の禁欲、聖職売買の禁止、教皇の首位権（ペテロの後継者である教皇が全教会の頂点にあること）を説きました。またグレゴリウスは、南イタリア問題（第14章参照）をきっかけに東ローマ帝国との対立を激化させました。西方嫌いのコンスタンティノープル総大主教ミハエルと衝突し、１０５４年には相互に破門しあって、東西教会の分裂が決定的になりました。

レオ９世に続くヴィクトル２世（在位１０５５～１０５７）は１０５６年、自分を教皇に推したハインリッヒ３世の息子をハインリッヒ４世として皇帝に戴冠します。ヴィクトル２世の次のステファヌス９（10）世（在位１０５７～１０５８）は短い在位期間ながら改革に熱心で、その精神は続くニコラウス２世（在位１０５８～１０６１）が継承します。しかし、その過程で、神聖ローマ皇帝との対立が深刻化していきます。

ニコラウスは皇帝と対決するため、南イタリアに進出してきていたノルマン人と同盟を結びました。一方の皇帝ハインリッヒ４世（在位１０５６～１１０６）は幼少でした。摂政になった母親で皇后アグネスの政策に反対する諸侯勢力も多く、神聖ローマ帝国の大司教も皇帝派と教皇派に分かれ対立しており、前途は多難でした。

グレゴリウスは、教会改革には熱心でしたが、教皇になる意思は全くなかったようです。しかし、レオ9世以来、教皇の下で活躍してきたグレゴリウスに期待する声は大きく、教皇に選ばれると、改革への意気込みはより大きなものになりました。

世俗権力による聖職者の叙任権を主張し、有力司祭に自身の支持者を任命し続ける神聖ローマ皇帝との軋轢が大きくなります。

皇帝ハインリッヒ4世は1076年、教皇グレゴリウス7世の廃位を宣言します。これに対してグレゴリウスもハインリッヒを破門し皇帝位の剝奪を宣言して対決しました。

このとき、神聖ローマ帝国内の反皇帝＝親教皇派勢力がハインリッヒに迫り、1077年の2月2日までに破門が解かれない場合、新しい皇帝を選ぶという宣告を突きつけました。万事休したハインリッヒは破門の解除を願い、ローマに向かいます。グレゴリウスも新皇帝選出の会議に出席するため神聖ローマ帝国に向かっていました。両者は北イタリアのカノッサで対決することになります。

# カノッサの屈辱

カノッサは当時、トスカナ女伯のマティルデの所領でした。彼女の父親はこの地方の大貴族でしたが、1052年に暗殺されました。そのため母親はロレーヌ（現フランス領、ドイツ語ではロートリンゲン）公のゴドフロア3世と再婚しました。

彼が北イタリアで勢力を拡大すると、それを嫌った皇帝ハインリッヒ3世はイタリアに軍を進めました。このときゴドフロア3世は逃亡し、マティルデと母親はハインリッヒ3世の捕虜となりました。その間、兄の死によりマティルデはトスカナ公を継承し、ハインリッヒ3世の死によって自身も解放されました。

こうしたことから、マティルデは皇帝ハインリッヒ4世の父ハインリッヒ3世に恨みを抱いていました。

トスカナの女領主となったマティルデは、叙任権闘争にも巻き込まれました。彼女の居城に、ハインリッヒ4世の攻撃を恐れた教皇グレゴリウス7世が保護を求めてきました。その情報を得たハインリッヒ4世もカノッサに向かいました。

面会を拒否する教皇に、ハインリッヒ4世は修道士の服をまとい、裸足で城門の外に三日三晩立ちつくしたといわれます。その仲介をすることになったマティルデの心中はいかなるものだったでしょう。かつて屈辱を与えられたハインリッヒ3世の息子に一矢を報いることも可能だったでしょうが、皇帝の謝罪が教皇に受け入れられ、余計な混乱が回避されたことで、胸をなでおろしたというのが本音でしょうか。

■許しを請うハインリッヒ4世

カノッサで皇帝が教皇に跪き、許しを請うたということ自体を強調するならば、明らかにこの事件は教皇の勝利で、以後、教皇権の優位性を喧伝する教会側に利用されたのはいうまでもありません。

しかし、破門を解かれドイツに戻って反皇帝派を抑え、態勢を立て直したハインリッヒ4世は、今度は逆にローマに進軍し、グレゴリウス7世を包囲します。南イタリアにいたノルマン人のロベール・ギスカール（シチリア王国建国の立役者）がグレゴリウス7世を救出しますが、グレゴリウス7世はサレルノで憤死します。

その後も教皇と皇帝の戦いは続き、1122年、オーストリア辺境伯の仲介で皇帝ハインリッヒ5世と教皇カリストゥス2世（在位1119〜1124）がウォルムス・コンコルダート（政教協約）を締結し、神聖ローマ帝国内での聖職者の叙任は聖職者（指輪と杖が象徴）が行うが、その際、皇帝（笏《しゃく》が象徴）によって俗権（土地など）が授与された人物の中から選ばなければならないという条件が付けられました。皇帝と教皇、それぞれが体面を保ったことになり、妥協した結果だと思われます。

トスカナ女伯マティルデは、その後、教皇派として皇帝に抵抗し続けました。子供に恵まれず、最終的に領地は教皇領や皇帝領に分割され、それらを元に、中世イタリアの都市共和国が形成されていきます。

## ドイツ史におけるカノッサ事件

カノッサ事件についての評価は当時から分かれていたようです。教皇は、皇帝を跪かせたことでその立場の優位性を喧伝しました。神聖ローマ帝国内の皇帝支持勢力にとって不満も残ったでしょう。反皇帝派の諸侯たちにとっては、破門を解かれたハインリッヒ4世が皇帝として戻ってきたことは面白くなかったでしょう。

カノッサ事件は語り伝えられ、宗教改革時代、プロテスタントは反教皇という点からこの事件を評価します。

さらに19世紀、プロイセン宰相のビスマルクはナショナリズムに基づき、カトリック教会を抑圧しながら近代ドイツ帝国を建設しました。しかし、カトリック教会は、中央党を組織して政治的にもビスマルクに対抗しました（第25章参照）。やがて国家政策として中央党の協力が必要になり、ビスマルクは和解を強いられます。このときにビスマルクは「私は断じてカノッサには行かない」という言葉を残しており、ビスマルクの意地が表れています。

# 第11章

# 十字軍と東西の交流

## 当初の目的から外れていった運動

エルサレムという都市は、ユダヤ教・キリスト教・イスラム教にとって、お互いが絶対に譲れない聖地です。そして、エルサレムを含むパレスチナとその周辺の地はオリエント世界の交通の中心であり、世界史的立場からも注目されてきました。経済的な野心からこの地域をみるか、宗教的な立場でみるかは、いつの時代でも重要な問題です。十字軍をはじめ、緊張・戦争が絶えないこの地域は文字通り歴史の縮図です。

# 東ローマ帝国の敗北と支援要請

シリア・レバノン・イスラエル・ヨルダンの地域を合わせて「歴史的なシリア」と呼ぶことがあります。地中海の東海岸に面したこの地域は、メソポタミアとエジプト、小アジア（アナトリア）に挟まれており、それぞれの地で強大な国家が成立すれば、その国家の攻撃を受けたり、紛争の舞台になったりしてきました。不幸なことに、そうした状況は現在も続いています。

オスマン帝国が3大陸にわたる大版図を実現し、「パックス・オトマニカ（オスマンの平和）」といわれた16～18世紀は比較的安定していた時代でした。

11世紀後半になると、ヨーロッパ世界が経済力をつけてきました。一方のイスラム世界のあり方は少し変わっていました。ウマイヤ朝時代はアラブ人、アッバース朝ではイラン人が中心的指導民族でしたが、11世紀になるとトルコ人が主役になります。

元々は北アジアの遊牧民だったトルコ人が、9世紀以降徐々に西方に進出してイスラム教に改宗、傭兵として活躍するようになっていました。そのトルコ系民族であるセルジューク族が11世紀、西アジア一帯に君臨しました。

東ローマ帝国（ビザンツ帝国）はこのセルジューク朝に対しても抵抗をしていましたが、11世紀には強勢は失われ、1071年、マンジケルトでの戦いでセルジューク朝に敗北し、その危機感は大きなものになっていました。1054年にローマ教会と絶縁していたビザンツ教会は、このような危機的状況を前に、ヨーロッパに支援を要請する事態にまでなりました。

キリスト教徒の聖地の中でも特別な存在であるエルサレムは、7世紀以降イスラムの支配下に入っていました。エルサレムへは古代からキリスト教徒の巡礼が盛んに行われてきました。きっかけは4世紀、コンスタンティヌス大帝の母ヘレナが、イエスの処刑されたゴルゴタの丘の近く、遺体の収容された場所に聖墳墓教会を建てたことに始まります。

イスラムの時代になってもキリスト教徒の巡礼は変わらず続きました。彼らが使うお金がイスラム教徒にとっても魅力で、迫害はほとんどなかったというのが実情だったようです。

しかし、時にキリスト教徒やユダヤ教徒に厳しい対応をとる支配者も出てきます。

11世紀初め、ファーティマ朝のカリフは聖墳墓教会を破壊しました。なお、同世紀半ばに今日の姿の教会が再建されます。

## 聖地は遠く、費用もかかる

十字軍が派遣された要因はいろいろ指摘されています。それにしても、何万人もの人間が東方に向かうというのは簡単にできることではありません。

1095年、教皇ウルバヌス2世がクレルモン公会議で行った演説がきっかけといわれていますが、それはそれで正しいとして、ローマからフランス王国に向かう過程で、教皇は各地で有力者を説得して、十分な根回しを行っていたことにも注目すべきです。

これは、第1回十字軍がフランス王国の諸侯を中心に結成されたこととも関係してきます。とはいうものの、そのフランス王国の国王フィリップ1世は、離婚問題で教会から破門されており、参加していませんが、彼は十字軍に反対だったわけではなく、多くの資金援助を行っています。

簡単な解説書などを読みますと、十字軍の呼び掛けに対し、ヨーロッパ中で参戦の雰囲気が盛り上がったとみる向きもありますが、当時の人々は意外と冷めていたというのが実情に近いようです。喜んで準備を始めた諸侯たちもいましたが、何といってもエルサレムは遠く、一度出陣したら短期間で戻れません。聖地の話は、説教では聞いていても、実際には未知の世界です。さらに現実的な問題として、行軍には費用がかかります。それを確保するのも大変だったようで、人々の意欲を高めるため、東方の豊かな財貨や美女の存在が喧伝されました。

国家（国王）は内政に行き詰まった時、しばしば対外政策を積極化させます。十字軍にも同じ一面がありました。これまでも紹介してきましたが、11世紀のヨーロッパは経済の拡大期にありました。一方で飢饉や病気の流行もあったのですが、そのような複雑な状況下で、諸侯たちには「戦争」ができる力が蓄えられ、一般民衆にも不満を爆発させるエネルギーがみなぎり始めていました。

教会は、諸侯たちの私闘（フェーデ）を避けるため「神の休戦」や「神の平和」を呼びかけていました。このような状況も、人々の目を聖地エルサレムに向けさせる一因になりました。

民衆のエネルギーと書きましたが、第1回十字軍に先立ち、民衆十字軍といわれる動きがあったことも注目されます。これを指導した隠者ピエールという人物は、弁が立ち、十字軍については教皇ウルバヌス2世よりもピエールの業績の方が大きいという人もいます。

この民衆十字軍は「貧しい農民」や「貧しい騎士」などで組織され、各地で略奪を働いたと一般的にいわれていますが、当時のヨーロッパの発展期を背景に農民たちもそれなりの準備をしていましたし、また彼らへの支援者も多く、略奪はハプニング的に起きたという見方が出ています。しかし、ピエールをはじめ参加者は軍事的に訓練されておらず、合流前にセルジューク族と戦い、簡単に撃破されてしまいました。

## 予算不足が東ローマを滅ぼす

初回の十字軍は成功しました。エルサレム王国をはじめいくつかの十字軍国家が建設できました。それとともに、北イタリアの都市を中心に、地中海貿易が隆盛に向かいます。人の動きも盛んになり、経済活動に基盤を置く中世都市が出現します。

教皇にとっても、聖地の奪還は大いなる喜びでした。一方で、十字軍によって行われたイスラム教徒やユダヤ人らの虐殺は、今日までなお尾を引いています。

イスラム側にとって、十字軍は驚きだったのか、あるいは油断であったのか、判断は難しいところです。徐々にイスラム側の反撃が始まり、キリスト教徒は守勢に立たされるようになります。

イスラムの英雄サラディンがエルサレムを奪還したことで組織された第3回十字軍では、態勢を整えたイングランド王国・フランス王国・神聖ローマ帝国の皇帝（ドイツ国王）がそろい踏みしました。

叙任権闘争以来しばしば対立してきた神聖ローマ皇帝との平和協定締結は、教皇クレメンス3世（在位1187〜1191）を満足させました。しかし、神聖ローマ皇帝フリードリッヒ1世が小アジアで事故死したことから、事態は変わります。イングランド王リチャード1世（獅子心王）とフランス王フィリップ2世は領土問題などで不仲のため、フィリップ2世は帰国しました。

■十字軍の遠征路

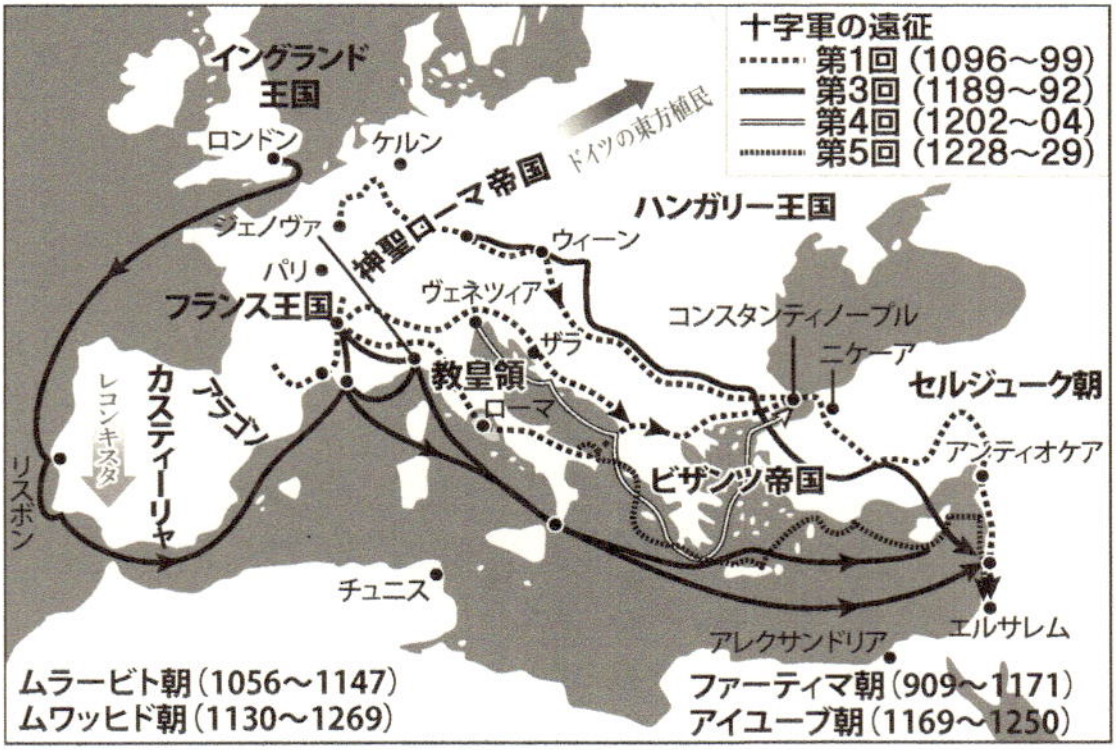


リチャード1世はサラディンと和平条約を結び、聖地巡礼の安全は保障されましたが、後味の悪いものになりました。神聖ローマ帝国で誕生した皇帝ハインリッヒ6世が南イタリアへの勢力拡大を狙っていたことも教皇には頭痛の種になりました。

教皇クレメンス3世の甥で、新教皇に選ばれたインノケンティウス3世（在位1198〜1216）の時代に行われた第4回十字軍は、ヴェネツィアが絡み、本来なら支援すべき東ローマ帝国を滅ぼすことになりました。

教皇インノケンティウス3世は十字軍に並々ならぬ関心を持っていました。彼の呼び掛けに多くの諸侯たちが応じましたが、指揮官に予定していたイングランド王リチャード1世の死など予想外のことが続きました。

十字軍の攻撃先はエジプトでしたが、出港地がシチリアからヴェネツィアに移され、ヴェネツィアの総督が関わることになりました。ヴェネツィアは商業上、エジプトとの関係が深く、エジプト遠征には消極的でした。

また、教皇は十字軍の費用を十分に集めることができませんでした。十字軍は、ヴェネツィアが狙っていたハンガリー王の支配する都市（ザラといいます）を十字軍が攻撃することで不足分を賄なうことに同意しました。ザラの住民はキリスト教徒であり、ここに、十字軍の方向転換の始まりが示されます。

このとき、ザラに亡命していた東ローマ皇帝の息子が、父親の復位への協力を要請します。十字軍はこれを受け入れ、コンスタンティノープルを攻撃しました。復位は簡単に実現したのですが、十字軍側への謝礼などの約束が実行されず、怒った十字軍兵士がコンスタンティノープルを占領・略奪し、ラテン帝国を建てます。

教皇インノケンティウス3世はこの暴挙に怒る一方で、東西教会の統一が達成されたとして喜んだともいわれています。

異教徒に対する十字軍が、キリスト教徒に対する十字軍となりました。南フランスに向かったアルビジョア十字軍（後述）も同様で、十字軍の性格は完全に変質します。

先に述べた神聖ローマ皇帝ハインリッヒ6世の息子フリードリッヒ（フェデリコ）2世は、インノケンティウス3世の保護を受けて育ちました。神聖ローマ皇帝位を継承しますが、シチリアを好み、ドイツにはほとんど赴きませんでした。

十字軍派遣を強要する教皇としばしば対立しましたが、イスラム文化から合理主義精神を学んだフリードリッヒ2世は、軍事的遠征には消極的で、1228年に行われた第5回十字軍は、アイユーブ朝のスルタン、アル・カーミルとの平和条約によって聖地を回復するという、十字軍の建前からは前代未聞の展開となり、賛否両論が渦巻きました。

一般に13世紀になると、十字軍の「宗教的性格」が希薄化したといわれますが、第6・7回十字軍を行ったルイ9世は「サン・ルイ（聖王ルイ）」と呼ばれるほどに信仰心の篤い人物でした。

この頃になると、エルサレムよりも、まずエジプトを攻撃するようになりますが、疫病の蔓延などもあり軍事的には失敗しました。ルイ9世自身も病没します。以後、十字軍は話題になっても、実際に行われることはありませんでした。

聖地奪回という十字軍本来の目的は失敗に終わりましたが、戦争により、人的な交流が経済と文化の発展を加速させました。

この時代、ギリシャ、インド、イランなどの伝統文化を継承していたイスラム世界の文化水準は高く、イスラムに傾倒した皇帝フリードリッヒ2世のような人物が出現しました。十字軍をきっかけに逆輸入される形になったギリシャ文化はヨーロッパに大きな刺激を与えました。中世のスコラ哲学（第12章参照）を発展させ、さらにはルネサンスの勃興につながりました。

政治的にも13〜14世紀はヨーロッパの変動期となりました。十字軍の影響だけとはいえませんが、フランスやイングランドの王権の強化が目立つようになります。そして、強化された王権は、国内の諸侯への締め付けだけでなく、キリスト教会との対立にも影響を及ぼします。

具体的には「税」の問題です。それまで教会は世俗勢力に税を支払うことはありませんでしたが、国王が税金を要求するようになってきます。14世紀初めに教皇ボニファティウス8世（在位１２９４〜１３０３）がフランス王フィリップ４世に圧迫された事件はその始まりです（第13章参照）。各国で中央集権化が徐々に進行します。

## アルビジョア十字軍と異端の討伐

「異端」というのは「正統」に対する言葉ですが、信仰・宗教の世界では違いをはっきりさせづらく、異端のレッテルを貼ることは簡単ではありません。

ここで紹介するワルド派やカタリ派（中心になった都市「アルビ」から、アルビジョア派ともいわれます）の主張がよほど変わっていたかというと、そんなことはありません。

特にワルド派は、リヨンの商人のワルドが私財を投げうち困窮民の救済活動をしたのが始まりで、原始キリスト教の精神に近いといえるものです。

ところが教会はそれを異端としました。宗教者の領域に一般人が入り込むのを嫌ったからでしょう。後にワルド派は異端を解かれ、プロテスタントの流れを汲むものとして評価されています。

カタリ派はもう少し複雑です。古代から人々を引き付ける魅力を持っていたマニ教の影響を強く受けていたとされています。教義面はともかく、カタリ派の人々の姿勢には、堕落した聖職者への不満が大きかったことも指摘されています。

そのため支持者もたくさん出てきます。それを論駁しようとした「正統」な聖職者も彼らの改宗には失敗しました。さらに、厳しい迫害などが行われると、南フランスの諸侯たちの中にもカタリ派を支持する者が出てきて、教皇の支配力の拡大を嫌うようになりました。

教皇インノケンティウス3世はその討伐のための十字軍を呼び掛け、フランス国王フィリップ2世に派兵を要求します。アルビジョア十字軍ともいわれるこの戦いでは、激しい戦闘が行われ、アルビジョア派は一掃されます。この戦争は、南フランスにおけるフランス王権強化の一因ともなりました。

## レコンキスタと北方十字軍

十字軍は中東地域だけでなく、他の地域でも行われていました。「レコンキスタ（イベリア半島の領土奪回運動）」もその一環です。

イベリア半島を支配していたイスラム勢力に対し、10世紀頃から、キリスト教諸侯たちが戦いを始めました。1212年のラス・ナバス・デ・トロサの戦いでキリスト教徒側が大勝利を収め、イベリア半島のレコンキスタは実質的には終焉を迎えたとされています。最終的には1492年のグラナダ陥落まで戦いが続きました。

一方、北ヨーロッパのカトリック諸国が非キリスト教徒と戦った「北方十字軍」というものもありました。

北方十字軍は、デンマークやスウェーデンの他、リヴォニア（現在のラトビア東北部からエストニア南部）を治めたリヴォニア騎士団やドイツ騎士団によって精力的に進められました。リヴォニア騎士団は、後にドイツ騎士団に吸収されます。

# 第12章

# 失われた過去の発見

## スコラ哲学とルネサンス

★

古代ギリシャの学問（哲学）が「対話」の中で形成されてきたことはよく知られています。中世ヨーロッパのキリスト教神学の発展の背後にも対話がありました。対話というより「論争」といった方がいいかもしれません。中世には多くの「異端」が現れてきました。それに対して教会は、強引に抑圧することもありましたが、きちんとした話し合いによって相手を論駁することの必要性・大切さを認識していました。

## 余剰生産物が中世都市を築いた

古代から中世にかけてのヨーロッパで、文字が読める人は一部の聖職者くらいでした。まして、学問的な論争ができる人というのは限られていました。そのような状況だからこそ、修道院の果たした役割は大きかったのです。そこでは聖書を読み、キリスト教を中心にした文献の書写が連綿と続けられ、多くの文化遺産が維持されてきました。文化が一部の人にしか共有されていないという点では、「暗黒の中世」という言葉も間違いではないかもしれませんが、決してそんなことはありませんでした。

中世初期、10～12世紀のヨーロッパでは、新しい文化を生み出せるような社会経済的なエネルギーが膨らんでいました。大前提に、農業生産力の上昇がありました。それが修道院の活動とも大きな関係があることはすでに紹介しました（第9章参照）。修道士たちが生み出した新しい農業技術は農民たちにも取り入れられ、生産力が高まり、「余剰生産物」が生まれました。そして余剰生産物を交換の材料とする商人や職人が出現します。

彼らが中心になって築いたのが中世都市です。このような都市の住民が市民となり、この市民たちが新しい文化を求めていきました。

## 古代ギリシャの学問を発見

先に、「暗黒の中世」という言葉を使いました。しかし、中世が決して暗黒時代ではないことの証しとして、多くの学者が登場したことが挙げられます。

古代最大の教父といわれたアウグスティヌス（354～430）は『神の国』を著し、神の恩寵に関して後々まで大きな影響を与えました。

イエスや神を単純に崇めるだけだった時代から、イエスと神との関係はどういったものかといった問題を考える（第5章参照）ようになってきたことは、一見、不敬のようではありますが、人間の持つ能力の素晴らしさの証明にもなります。

カール大帝の時代に出たアルクイン（735頃～804）はいわゆるカロリング・ルネサンスの代表的学者です。カール大帝は征服戦争の過程で知り合った学者を、各地から連れて帰りましたが、アルクインもそのような一人です。カール大帝のアルクインへの信頼は篤く、それに応えたアルクインはフランク王国の政治についても多大な助言を行い、中世ヨーロッパの教育課程についても大きく貢献します。もちろん神学者としての業績も大きく、この時代の最高の知識人になりました。

中世の学問は修道院や教会付属の学校が担ってきました。カール大帝が設立したアーヘンの学校など、その果たした役割は大きなものがあったのですが、限界もありました。

そこでは、「学者」が独自に研究を深めていくというような姿勢は認められず、古典にひたすら忠実に、伝統的な解釈を学んでいくことが求められました。つまり、学問的深化や発展が期待できる世界ではありませんでした。

中世の学問（神学や哲学）は、まとめてスコラ学といわれます。スコラという言葉は教会の付属の学校（スコラ）に由来します。教会から離れた所に「大学」が形成され、大学では、イスラムを経由して逆輸入された古代ギリシャの学問が「発見」されました。特にアリストテレス哲学はキリスト教の神学者たちにも大きな影響を与えました。

と、まとめてしまうのは簡単なのですが、中世の神学にかぎらず、神学というのは非常に難しい問題を抱えています。宗教の世界は人間の精神・霊の世界です。アリストテレス哲学は論理展開と学問の体系化に便利な方法を教えてくれる、合理的な世界です。つまり、宗教と合理主義は水と油の関係です。そのため、実際はともかく、アリストテレス哲学の研究は、13世紀半ばまで教会では禁止されていたのです。

本格的スコラ学の初期の大学者はアンセルムス（１０３３〜１１０９）やアベラール（１０７９〜１１４２）です。アンセルムスは信仰こそが認識の前提であり、それは「知らんがために我信ず」という言葉に集約されます。一方でアベラールは「信ぜんがために我知る」という立場です。

神という、実体がつかめない存在を「普遍」概念として、本当に神が存在するのか、それとも人間の頭の中（思惟）の中の存在にすぎないのかという論争が起きました。「実在論」は観念論で「見えないけれども存在する」という立場、「唯名論」は「個物が実在するのであり、普遍は名目である」という立場です。

神学者アルベルトゥス・マグヌス（１２０６頃〜１２８０）の強い影響を受けたトマス・アクィナス（１２２５頃〜１２７４）は、実在論の立場に立ちますが、普遍は

■普遍論争

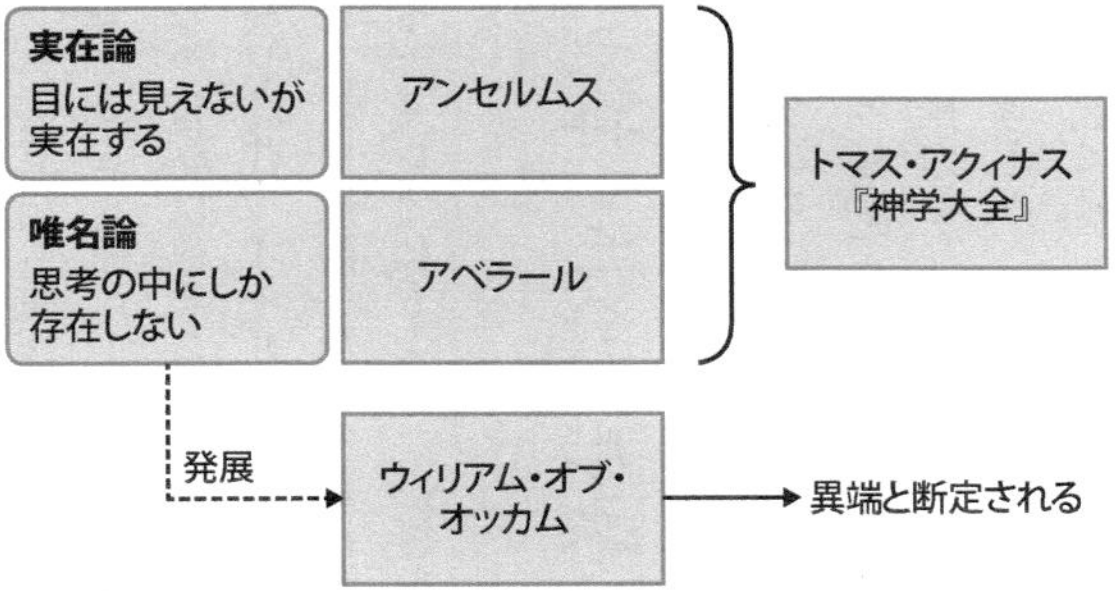


知性の所産でありながら実在に対応するとし、信仰と理性の統一を図りました。

彼は実在論・唯名論を調停しましたが、やがて、唯名論が勝利していきます。ただし、唯名論は「無神論」に通じるため、キリスト教では異端と捉えられていきます。

トマス・アクィナスの業績は多岐にわたり、知識と信仰、神の存在と本質、政治と国家、人間と精神などの問題に総合的・体系的な解答を与えました。その著作『神学大全』は未完に終わりましたが、スコラ哲学の最高峰として高く評価されています。

神学の目標は信仰を理性的に説明することではありません。信仰の理解のためには思弁を超えた霊的な体験が必要になり、依然としてアウグステイヌスの立場も重視されますが、唯名論の立場が強まってくるとドゥンス・スコトゥス（1266頃〜1308）などは「信仰は理性と調和しない」という立場を主張し、スコラ哲学は徐々に衰退します。

同じ時代、イギリスではロジャー・ベーコン（1214頃〜1294）が数学や実験による自然観察などを重視する立場を実践する経験論の立場を確立し、コペルニクスやガリレオにも大きな影響を与えていくことになります（第21章参照）。

## ルネサンスとルネサンス教皇

ルネサンスは、キリスト教成立以前、つまりギリシャ・ローマ時代の文化を見直そうという運動です。キリスト教やユダヤ教にみられるように、圧倒的な力を持つ神の前には無力な存在である人間を考えるヘブライズムに対し、神に束縛されない自由な人間を考えるヘレニズムの精神が注目されるようになってきました。ギリシャ・ローマの時代には、人々が物事を考える基盤は、神ではなく人間でした。

ルネサンスがイタリアで開花したのは、イタリアの商人たちが十字軍をきっかけに東方に進出し、東方で維持されていたヘレニズム文化を西方にもたらしたからです。しかし、それが即、キリスト教にとって代わる新しい思想を生み出したわけではありません。

逆に、イタリアにおいて、キリスト教はヘレニズム文化によって昇華されたともいえます。フラ・アンジェリコの「受胎告知」からミケランジェロの「最後の審判」まで、多くの画家がキリスト教を礼賛する絵画を残し、最初の近代人といわれるダンテは『神曲』を著します。これはキリスト教批判の書ではなく、罪深き人間に救済への道を示し、キリスト教の世界観が描かれました。

ルネサンスはローマ教皇にとっても順風でした。15世紀半ばに教皇に選ばれたニコラウス5世（在位1447〜1455）は最初のルネサンス教皇といわれています。彼は画家で修道士でもあったフラ・アンジェリコを支援し、ヴァチカン図書館の建設など芸術・学問分野で大きな功績を残しています。

一方で、アビニョン捕囚などで弱りつつある教皇権に対し、公会議の立場を大きなものにしていこうとする動きが出てきていました。また、教皇は1453年の東ローマ帝国（ビザンツ帝国）の滅亡を目の当たりにしました。

この時代、スペイン出身のボルジア家が権勢を誇りました。教皇アレクサンデル6世（在位1492〜1503）はその代表です。1492年の教皇選挙ではなりふり構わず買収を行い、教皇の地位を手に入れました。即位後、彼が考えたのはボルジア家の繁栄と自らの放蕩・贅沢な生活だけでした。

彼の下で教皇領の拡大に辣腕をふるったのが息子のチェーザレ・ボルジアですが、思想家のマキャベリは、このチェーザレの行動力がイタリア統一のために不可欠であるとして讃えました。

アレクサンデル6世の死後、ピウス3世が選出されますが、正式な戴冠の10日後に死去、代わってユリウス2世（在位1503〜1513）が選出されました。彼もルネサンス教皇の名に恥じずブラマンテやラファエロ、ミケランジェロらを手厚く保護しましたが、教皇としての仕事では、教皇の権威を高めたことと、教皇領を狙う外国軍に対して先頭を切って戦ったことで知られ、「衣服と名前を除けば聖職者らしいものはなにもない」と酷評されました。

教皇庁にとって運命ともいうべき「1517年」を迎えた教皇は、この時代に隆盛を誇っていたメディチ家（第14章参照）出身のレオ10世（在位１５１３～１５２１）です。本人は極めて温厚な人物でしたが、取り巻きたちが教皇庁を食いものにしました。

破綻した財政の立て直しのためレオ10世は贖宥状（サン・ピエトロ寺院再建のためのものがよく知られます）を販売します。なりふり構わなかったため、ルターがこれを批判しました。レオ10世はルターを破門しますが、ルターは真摯に信仰の問題を追究しました。レオ10世は、それが教会の歴史を変えるような歴史的事件になるとは知らないままに世を去りました。

ところで、ルネサンス教皇が残した有名な「作品」があります。今日、ヴァチカンそのものともいえるサン・ピエトロ寺院は、コンスタンティヌス大帝によって建てられました。その後、１５０６年に再建を開始、中断を経て、パウルス3世（在位１５３４～１５４９）がミケランジェロに設計を依頼しました。ミケランジェロの死後、いくつかの変更を経て、17世紀に完成します。

第13章

# 3人の教皇

## 統べるのはローマかアビニョンか

十字軍の失敗は教皇の権威を大きく低下させました。一方で、国王や諸侯など世俗勢力が力をつけてきます。国によって事情は異なりますが、14世紀初めのフランス国王の勢いは抜きんでていました。13世紀初め、「教皇は太陽、皇帝は月」と勢いを誇ったインノケンティウス3世から1世紀、14世紀になると立場は逆転します。その背後には国王と教会の税金を巡る激しい対立がありました。

## フランス王が教会領への課税を求める

十字軍が失敗に終わった後に即位した教皇ボニファティウス8世（在位1294～1303）は受難の時代を迎えます。当時のフランス王フィリップ4世（在位1285～1314）は、経済の中心フランドル（現在のオランダ・ベルギー。この地域はイギリスから輸入した羊毛で毛織物業が発展し、イギリスとの関係が深かった）を巡ってイギリスと対立しており、戦争の軍資金を教会領への課税に求めました。

当時の神聖ローマ帝国は皇帝位が不安定な大空位時代（1256～1273）で、一方、教皇は十字軍に失敗し、双方とも権威を低下させていました。また、イングランド王国とフランス王国では百年戦争（1337～1453）の前哨戦が続いていました。

13世紀末、フィリップ4世は聖職者への課税を決定します。ボニファティウス8世はこれを中止させようとしますが、フィリップ4世も強引で、フランスからローマへの財貨の流出を禁止しました。さらに調停に派遣されてきた司教を国王への反逆罪の名目で逮捕します。

1302年にはフランス最初の身分制議会三部会を招集し、国民に国王支持を呼びかけ、ボニファティウス8世も教勅「ウナム・サンクタム（唯一の聖なる）」を発表、教皇の権威が最高であるという立場を示しました。

翌年、フィリップ4世側近のノガレがイタリアのアナーニでボニファティウス8世を襲撃、監禁する事件が起きました（アナーニ事件）。教皇は3日後に救出されましたが、間もなく亡くなり、教会の権威は大きく揺らぎました。

この事件を聞いたスイスのある司教は、フィリップ4世とその子供たちに災いが降りかかるであろうという予言をしました。1328年にカペー朝が断絶になったのは、偶然だったのか、神の意志だったのかはわかりません。

フィリップ4世の攻撃は続き、1312年、フランスを中心に巨大な組織を作っていたテンプル騎士団に解散を命じ、財産は国王が没収します。騎士団最後の総長モレーは火刑に処せられる前に、フィリップ4世と、それらを認めた教皇クレメンス5世（在位1305〜1314）に「神の御座で一緒に裁かれましょう」と言い残したといいます。それから1年と経たぬうちに国王も教皇も没しました。

## ローマからアビニョンへ

教皇ボニファティウス8世の死後、教皇に選ばれたベネディクト11世（在位1303～1304）はフランス王との関係改善を図りますが、果たせないままに病没します。

続く教皇クレメンス5世（在位1305～1314）はフランス人で、ローマには入らず、フランス各地を巡り、最終的に南フランスのアビニョン、ドミニクス派の修道院に新しい住居を定めます。さらにクレメンス5世は国王フィリップ4世やアナーニ事件の首謀者のノガレまでを赦しただけでなく、ボニファティウス8世の出した、フランスの利益に反する教令を全て失効させるという弱腰でした。それだけでなく、新教皇の戴冠式をフィリップ4世の采配の下で行うことを受諾、教皇権の凋落は目を覆うものがありました。

全てに軟弱であったクレメンス5世の死後、教会は混乱し、新しい教皇を選ぶまでに2年以上の時間がかかりました。新教皇ヨハネス22世（在位1316～1334）

は教会財政の立て直しには成功しましたが、フランシスコ会（第9章参照）内部での対立に巻き込まれます。

それに関連して神聖ローマ皇帝の干渉を受けましたが、何とか乗り切りました。ベネディクト12世（在位1334〜1342）とクレメンス6世（在位1342〜1352）は対照的な性格の教皇でした。前者が厳格で質素な生活を送り、親族登用にも厳しかったのに対し、後者は宮廷貴族のような生活を送り、側近を喜ばせました。ベネディクト12世の時代には、イングランド、フランス両国の調停が成功せず、百年戦争が始まりました。

クレメンス6世はアビニョンの土地をナポリ女王から買い取ります。この土地はフランス革命まで教皇領でした。クレメンス6世は、アビニョン教皇庁で連日のように宴会を繰り広げました。

クレメンス6世の時代は黒死病（ペスト）が大流行し、アビニョンでも多くの犠牲者が出ました。ユダヤ人が井戸に毒を入れたといった風評が流れ、多くのユダヤ人が迫害されました。ペスト流行の一因は、人々の移動でした。13世紀のモンゴルの大征服の結果、陸上の東西貿易路が確立されました。14世紀頃、商人の運ぶ荷物とともに、ペスト菌を持ったネズミが中央アジアから西方に移動、イタリア半島からヨーロッパ内陸部へ拡大しました。

続くインノケンティウス6世（在位1352～1362）は、百年戦争の一時的和解に貢献しました。また、ローマへの復帰を目指し備えましたが、これは果たせませんでした。

ウルバヌス5世（在位1362～1370）が教皇名に「ウルバヌス」を選んだのは、この名の教皇は概して敬虔な人物が多かったからとされていますが、彼もその例外ではありませんでした。

ウルバヌス5世が目指したのは東方教会との関係の改善と、教皇庁のローマ復帰でした。東ローマ皇帝との会見には至りましたが、合意まで話は進みませんでした。ローマ復帰にあたって、実際に3年間、ローマで過ごしたのですが、社会状況が不安定なこと、教皇庁職員がアビニョンに留まったことなどから、結局アビニョンに帰還しました。

アビニョンからローマへの復帰が実現するのは、次のグレゴリウス11世（在位1370～1378）の時代です。

# 教会大分裂（グレート・シスマ）

教皇庁のアビニョン移動から70年余り、1360～1370年代は教皇にとって、少し良い状況であったともいえます。百年戦争でフランスが劣勢であったことは国王の教会への干渉を弱めることになりました。また、東ローマ帝国（ビザンツ帝国）はオスマン帝国の圧迫に危機感を持っており、西方世界に支援を期待していました。

教皇ウルバヌス5世に続くグレゴリウス11世（在位1370～1378）の時代には、イギリスで教会を批判するウィクリフ（第15章参照）を断罪しました。そして、百年戦争の仲裁には失敗しましたが、教皇庁のローマ復帰を最大の懸案として活動し、1377年に辛うじて復帰を実現、その直後に亡くなりました。

1378年のコンクラーヴェでは、それまでのフランス系支配を嫌ったイタリア系の不満が爆発し、イタリア系教皇、ウルバヌス6世（在位1378～1389）が選出されました。ところが新教皇は粗野な行動が目立つようになり、それを恐れた多くの枢機卿がアビニョンに移り、そこで対立教皇クレメンス7世（在位1378～

１３９４）を擁立しました。ここから教会大分裂（グレート・シスマ）が始まります。対立するこの２人の教皇はローマでもアビニョンでも評判が悪く、ウルバヌス６世は１３８９年まで教皇位にありますが、最後は毒殺されたともいわれています。

ところで、教皇を選ぶ制度は一朝一夕でできたわけではありません。11～12世紀には枢機卿から選ばれる体制が整います。13世紀に、たまたま候補者選びで紛糾し、選挙が滞ったとき、怒った市民たちが枢機卿を会場に閉じ込め、鍵を掛けてしまうという事件が起きました。この「鍵を掛ける」が「コンクラーヴェ」の語源です。

ウルバヌス６世の後、ローマで新しく教皇に選出されたのはボニファティウス９世（在位１３８９～１４０４）でした。アビニョンのクレメンス７世は退位を迫られますが拒否し、１３９４年まで教皇位にありました。クレメンス７世没後にアビニョンではベネディクト13世が教皇になりますが、こともあろうに彼はコンスタンツ公会議（１４１４～１４１８）でグレート・シスマの終結が決定した後も、１４２３年まで教皇位にありました。

ボニファティウス９世の死後、インノケンティウス７世（在位１４０４～１４０６）がローマの新教皇に選出されますが、何もできないままに亡くなりました。続いてグ

■教会大分裂（グレート・シスマ）

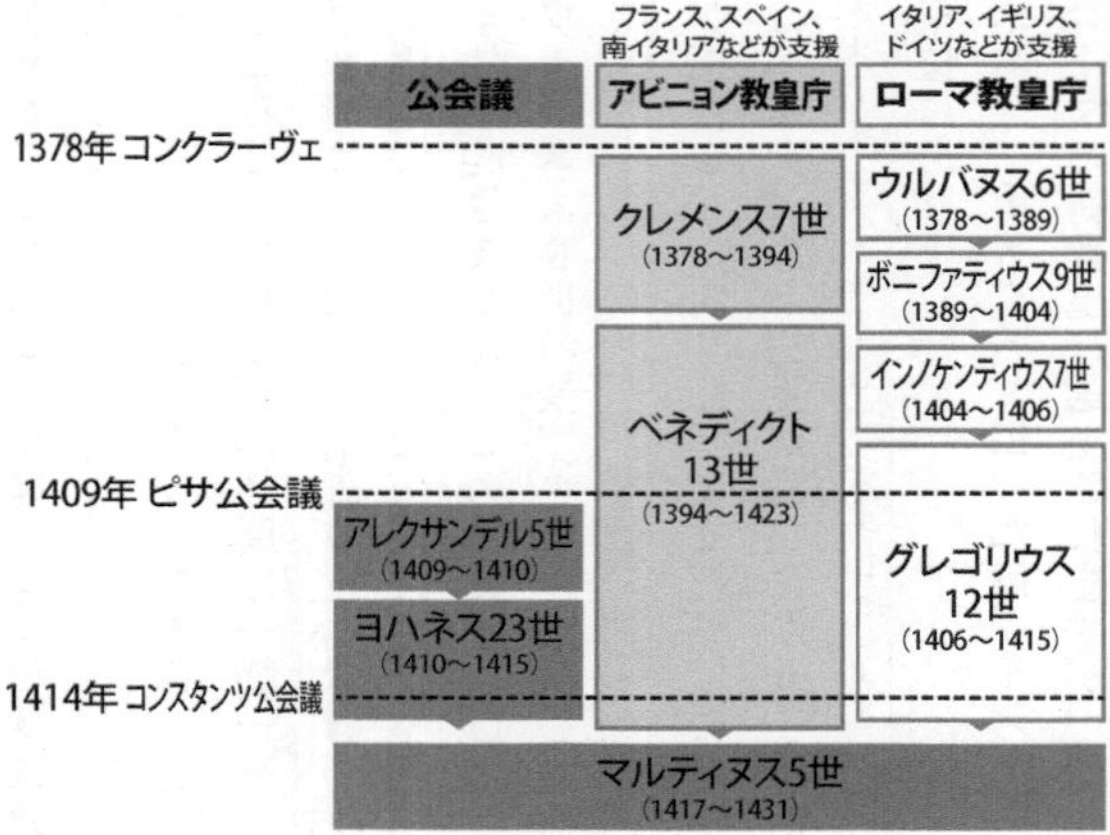


レゴリウス12世（在位１４０６～１４１５）が新教皇に選出されましたが、対立教皇との話し合いはうまくいきませんでした。

１４０９年に開かれたピサ公会議ではローマのグレゴリウス12世、アビニョンのベネディクト13世両者が廃され、新しくアレクサンデル５世が擁立されますが、廃位された２人はこれを認めず、教皇が鼎立する事態になります。しかしアレクサンデル５世は翌１４１０年に死去、ヨハネス23世が新教皇に選ばれ、教会統一のため尽力しました。

神聖ローマ皇帝ジギスムントの要請

で１４１４年から開かれたコンスタンツ公会議では、ローマ教皇庁、アビニョン教皇庁、ピサ公会議がそれぞれ選出した３人の教皇の廃位を決定します。新しくマルティヌス５世（在位１４１７～１４３１）が選出され、ここにグレート・シスマは終結します。

グレート・シスマが終結しても、１世紀にも及ぶ教会の混乱の後遺症は大きく、教皇権力の再興とはいきませんでした。神聖ローマ帝国のようにローマ教皇庁に忠実な国家もありましたが、フランスでは王権が強化され、教会はその支配下に再編されていきます。

## 王権が強化され教会が弱体化する

英仏の百年戦争に対して、教皇は有効な解決策を何ひとつ示せませんでした。百年戦争が終わった15世紀中頃、ローマ教会はルネサンスの影響を受け、芸術作品をはじめとする絢爛豪華な文化に酔っていたのです。

百年戦争を終わらせたフランス王シャルル7世は常備軍を整備し、課税体系を再編するなど中央集権化を進めましたが、教会もそのような時代の流れから逃れることはできませんでした。

1438年、シャルル7世はブールジュで発表した国事詔書で、教皇の回勅は、フランス国王の布告によって初めて効力を持つこと、教皇のフランス国内での聖職者任命を無効とすることなどを確認させ、教皇の権力を排除しました。ただし国王の側も以後、それ以上の要求は出しませんでした。というのは、国家運営に教会や修道院の協力が必要だったからです。

まだ近代国家に脱皮しきれていない状況で、キリスト教会の持つ権威は、国王にとって、利用価値のあるものであったということです。

# 異端審問と魔女狩り

中世はペストの流行や天候不順による飢饉など生活を脅かす出来事が断続的に起き

ていました。このような社会不安を背景に、人々は奇跡を求めたり、むち打ちの苦行を行ったりしていました。また、悪魔と契約した人間（魔女）が流行病や飢饉などの原因になっているという考えがあり、魔女と目された人々が迫害されました。

かつて、「暗黒の中世」を代表する事件として、カトリック教会による「魔女狩り」が強調されていました。しかし、近年の研究では、カトリック教会では厳しい迫害などはなかったとされています。むしろ宗教改革で真摯に信仰を求めるようになったプロテスタント世界で、激しい迫害が起きていたことが指摘されています。新大陸のマサチューセッツなどで起きた魔女裁判事件が代表的です。

一方で、カトリック教会では異端審問制度が整い、拷問や火刑が行われました。百年戦争においてフランス側を勝利に導いたジャンヌ・ダルクは、神の声を聞いたと裁判で証言したことから、異端とされました。その後彼女は、イギリス側と通じる司教によって、火刑に処せられました。この事件はイギリス側が恨みから、当時の集団ヒステリーのような動きを利用したものかもしれません。

ジャンヌ・ダルクは後にカトリックの聖人になりました（第23章参照）。

# 第14章

# 長靴を巡る戦争

## 連携と裏切りがイタリアを分裂させる

★

百年戦争の結果、イングランド王国とフランス王国の関係は一段落したのですが、フランスはその後、神聖ローマ帝国との関係が深刻化していきます。その対立の場はイタリア半島になり、教皇やスペイン（アラゴン王国）も巻き込んで長い戦いが続くことになりました。この争いは、南イタリアを巡る13世紀以来の諸国対立に遡り、必然的に、教皇の立場にも大きな影響を及ぼしました。

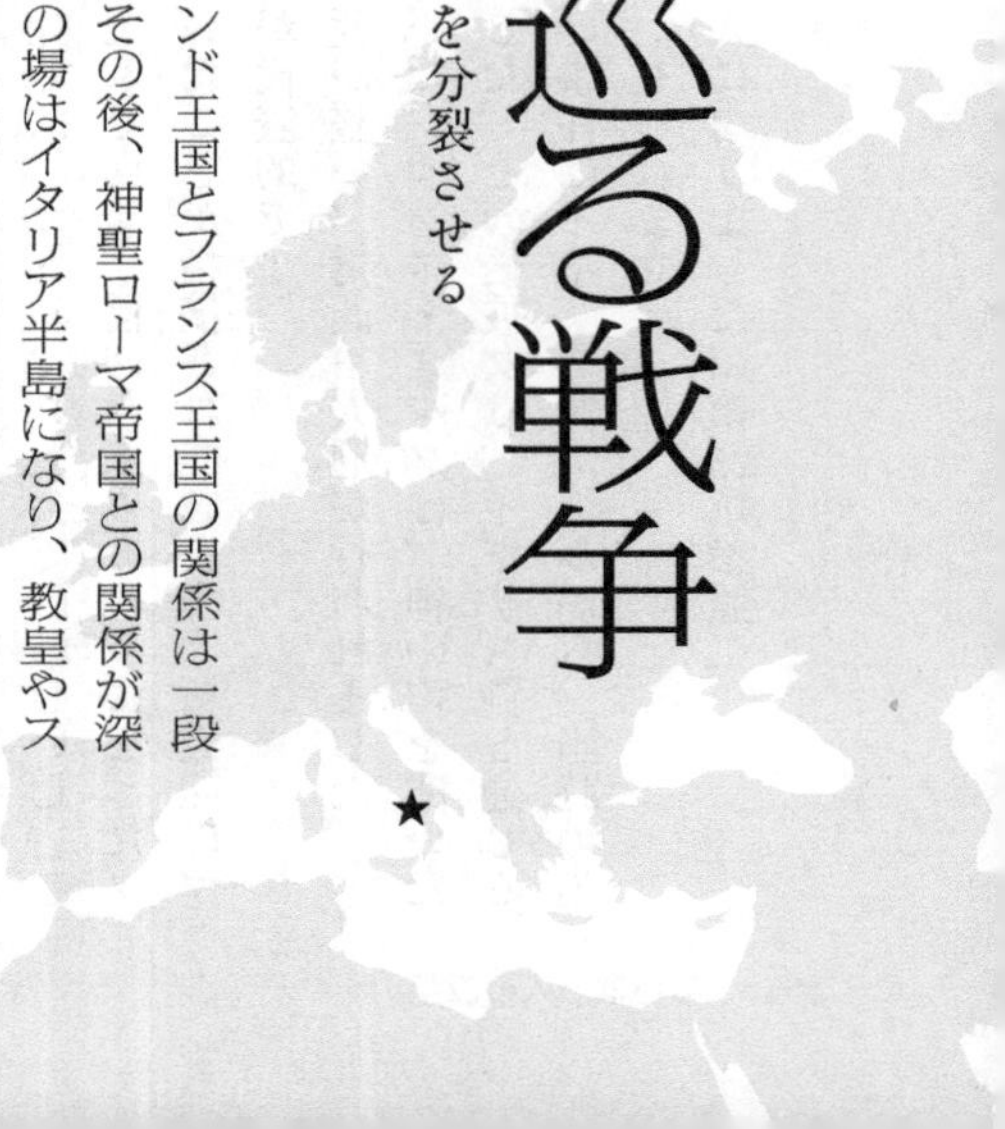

# イタリア戦争の始まり

イタリア半島の南部（ナポリ王国）と対岸のシチリア島（シチリア王国）は12世紀初め、ノルマン人のロジェロ（ルッジェーロ）2世によって統一されました。彼の伯父ロベール・ギスカールは、皇帝ハインリッヒ4世に圧迫された教皇グレゴリウス7世を支援しました。

その後、1220年に、シュタウフェン家の神聖ローマ皇帝フリードリッヒ（イタリア語読みではフェデリコ）2世がこの地域を継承し、第5回十字軍を行いましたが、彼は進んだイスラム文化に傾倒したことでも知られます。

フリードリッヒ2世の息子の時代、フランスのアンジュー伯シャルル（シャルル・ダンジュー。聖王ルイ9世の弟）が、1266年、教皇クレメンス4世の要請でこの地に侵入、制圧しました。

しかし、シャルルは、教皇ニコラウス3世（在位1277〜1280）には嫌われ、また、教皇に反抗したこともあり、1282年、反アンジューの暴動が起こります。

彼はシチリア島から逃亡、ナポリに拠点を移しました（シチリアの晩禱事件）。シチリア島はアラゴン王、ペドロが支配することになり、シチリア王国はナポリとシチリアの2つに分裂しました。この混乱が教皇庁にも波及し、１２９４年、無理やり教皇に仕立てられたのがケレスティヌス５世です。彼はよくわからないままに５カ月ほどで退位しました。

続く教皇ボニファティウス８世（在位１２９４〜１３０３）は、シチリア王国に大きな関心を持ち、ナポリ王国を狙っていた反アンジューのシチリア王、フェデリコ２世（在位１２９６〜１３３７）の野望をくじきました。さらにボニファティウス８世はアンジュー家とアラゴン王家の和解を実現し、両家にシチリア島を攻撃することを要請しましたが、彼の策謀は失敗、以後15世紀までナポリ王国にはフランスの、シチリア島にはアラゴンの勢力が維持されます。

15世紀中頃、ナポリ王国のアンジュー家断絶を機に、スペインのアラゴン家がこれを継承しましたが、そのアラゴン家も１４９４年に断絶します。そしてフランス王シャルル８世が継承権を要求しナポリに軍隊を進めたことが、イタリア戦争の始まりです。

# ヨーロッパ史上初の国際包囲網

１４５３年、東ローマ帝国（ビザンツ帝国）がオスマン帝国によって滅ぼされたことは、十字軍以降、関係を密にしていたイタリアに深刻な危機感をもたらしました。

このため、１４５４年、当時のイタリアの５大勢力、ミラノ・フィレンツェ・ヴェネツィア・ナポリそしてローマ教皇ニコラウス５世（在位１４４７〜１４５５）が北イタリアのローディに集まり、平和協定が結ばれました。これによってイタリアでは、以後40年間にわたる平和が実現しました。その均衡を破ったのがシャルル８世です。

教皇インノケンティウス８世（在位１４８４〜１４９２）は課税問題でナポリ王フェルディナンド１世と対立していました。そこで教皇はナポリ王の失脚を図り、フランス王シャルル８世をナポリ王位に推薦したのです。ところが１４９２年、教会とナポリ王の間で和議がなり、シャルル８世は無視され不満を募らせました。

１４９４年にナポリ王が死に、息子アルフォンソ２世が王位を継承しました。

同じ年、ミラノ公国でも継承問題が起こりました。そのミラノ公位を、死んだミラ

■イタリア半島勢力図

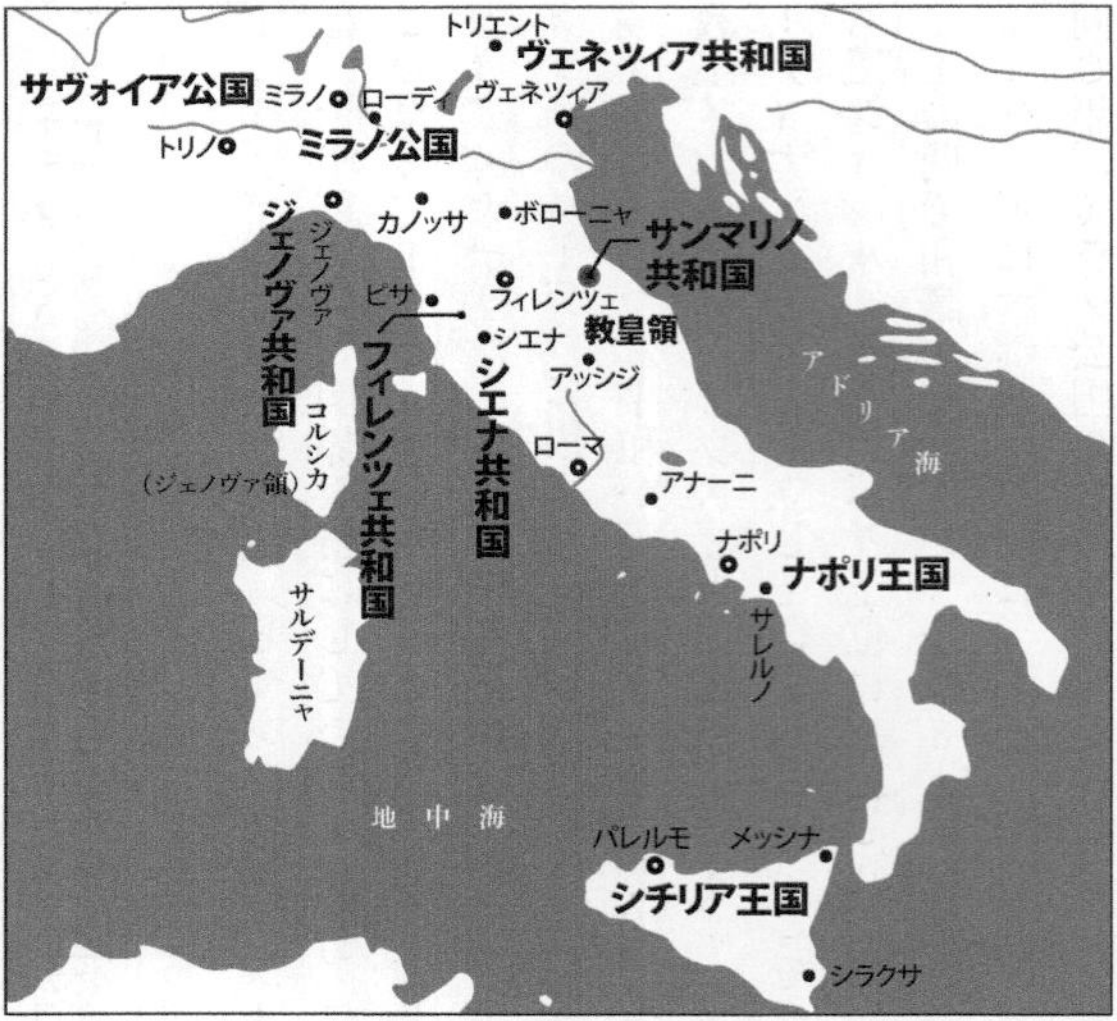


ノ公の兄でイル・モーロ（「ムーア人」の意。色黒だったのでイベリア半島に定着していたムーア人にたとえられた）と呼ばれたルドヴィーコ・スフォルツァが狙っていたのですが、即位したばかりのナポリ王アルフォンソ2世も公位を要求しました。このとき、イル・モーロはシャルル8世に支援を要請しました。ローディの和約はこれで崩壊したことになります。

シャルル8世は教皇インノケンティウス8世没後に即位

したアレクサンデル6世を嫌っており、この機会にナポリ王国を併合すべく自ら大軍を率いてイタリアに侵入しました。

破竹の勢いで軍を進めたシャルル8世はナポリを占領しました。ところが、このようなシャルル8世の動きに伏兵が現れます。事態を静観していたヴェネツィア共和国が教皇やナポリ王、さらには神聖ローマ皇帝とも連携をとります。

加えてイベリア半島のカスティーリャ王国・アラゴン王国も反フランスで動きました。シャルル8世のフランス軍は規律が緩んでいたこともあり、対応できず、慌てて退却を始めますが、追い討ちをかけるようにイル・モーロまでもが寝返りました。

イタリア諸侯・スペイン・神聖ローマ皇帝によって結成された神聖同盟（ヴェネツィア同盟）によってフランス軍は逃げまどい、シャルル8世の名誉は地に落ちました。

## 発展する都市、反乱する市民

中世のイタリア、特に北部のヴェネツィア・ジェノヴァ・フィレンツェといった都市共和国は自治を享受し、経済的にも繁栄していました。しかし、経済的発展はしばしば人間を堕落させます。15世紀の後半、フィレンツェでは教皇庁の銀行の役割を果たしたメディチ家が権力を握り、それに対する市民の不満も大きくなっていました。

金融業の他、毛織物業でも知られるフィレンツェでは有産者と下層市民の対立があり、14世紀の末には毛織物産業に従事していた労働者が反乱を起こしました（チオンピの乱）。この事件を機にメディチ家はのし上がります。

15世紀後半の当主ロレンツォ・メディチの時代、フィレンツェはヨーロッパ経済の中心ともいえる繁栄を遂げていました。しかし、その専横からメディチ家はフィレンツェを追われ、そこに君臨したのがドミニコ会の修道士サヴォナローラでした。

サヴォナローラはフランス軍の攻撃をかわし、フランスに有効に対応できなかったメディチ家を痛烈に批判しました。市民の支持を得たのですが、ルネサンス美術を退廃したものとして「虚栄の焼却」を行うなど、市政を神権政治化しただけでなく、当時の教皇アレクサンデル6世をも痛烈に批判しました。

このため、教会の反感を招いただけでなく市民の支持も失い始めます。そのような中、彼は「火の試練（火をつけたトンネルを通り抜ける）」という挑戦に打って出ますが、暴徒化した市民に拘束され、絞首刑の後に火刑に処せられました。

## 分裂していくイタリア

中世のヨーロッパは、百年戦争に代表される戦争の連続でした。百年戦争は断続的に起き、総計で100年以上の年月が経過しました。一方、イタリア戦争は、途切れることなく続きました。時期によって主役が異なり、数次に分かれます。先に紹介したシャルル8世の南下はその第1弾になりました。

シャルル8世の後を継いだルイ12世は、1499年、カスティーリャ、アラゴン、ヴェネツィアと同盟してナポリの継承権を要求しました。ナポリに攻め込んだフランス軍は、数では劣るミラノ軍に大敗、目的は達せられませんでした。この戦争の結果、ナポリ・スペイン・オーストリアがハプスブルク家の下に大統一されました。

教皇ユリウス2世はヴェネツィアを牽制するため、1508年、フランスや神聖ローマ、カスティーリャ、アラゴンと同盟を結びました（カンブレー同盟）。ところが、教皇とルイ12世が対立し、フランスとヴェネツィアが接近します。教皇や神聖ローマなどと戦うことになりますが、最終的には、開戦当時とほとんど変わらない結果に終わりました。

１５１７年、神聖ローマ帝国で始まった宗教改革（第15章参照）がイタリア戦争をより複雑なものにしますが、これに、大陸の領土に野心を持つイングランド王ヘンリー8世も関与してきました。

１５２１年、教皇レオ10世はハプスブルク家の血を受け継ぐ神聖ローマ皇帝・スペイン国王カール5世と結び、フランス王フランソワ1世と戦いました。フランスは敗北しましたが、１５２６年に結ばれた和平条件を守らず、さらに戦闘は続きます。フランソワ1世は翌年、北イタリア都市、ヘンリー8世、教皇クレメンス7世などと同盟します。１５２７年、カール5世はローマを攻撃し、新教徒が中心になっていた神聖ローマ帝国軍によって「ローマの劫掠《ごうりゃく》」が行われました。１５２９年、フランスは撤退します。

その後もフランソワ1世の戦争は続きます。１５４６年にはドイツのシュマルカルデン戦争にも連動します。１５４７年にはフランソワ1世が死に、１５５６年にはカール５世が退位しますが、後継者による戦争は続きました。

戦闘はイタリア半島が主舞台だったため、まとめてイタリア戦争といわれますが、1559年のカトー・カンブレジ条約で終結します。この条約でフランスはイタリアへの野心を放棄しました。オーストリア・ハプスブルク家の北イタリアに対する影響力が強化されます。イングランドもこの条約に参加し、百年戦争以来、大陸に唯一領有していたフランス北部のカレーを放棄しました。

17世紀後のウェストファリア条約で神聖ローマ帝国の分裂が決定的になったように、イタリア戦争はイタリアに分裂をもたらしました。その中にあって、ローマ教皇はなお権威を守ったのですが、13世紀のような影響力は行使できませんでした。

# 第15章

# パンとワインの否定から始まる

## 宗教改革とローマとの決別

そもそもキリスト教の歴史は「改革」の連続であったのかもしれません。中世にはグレゴリウス「改革」がありましたし、現代も、あるべき教会の姿が模索されています。ルターやカルヴァンに代表される「改革」者が出てきた16世紀は、その時代なりの特別な事情は指摘できますが、教会のあり方に対する不満はルターらの時代より1世紀以上も前から渦巻いていました。

# 教会に挑む改革者

「アビニョン捕囚」と「教会大分裂（グレート・シスマ）」の時代、イングランドでは宗教改革の先駆者というべき人物ジョン・ウィクリフが活躍していました。オックスフォード大学の神学部教授であったウィクリフは、カトリック教会の現実が、信仰の唯一の規準であるべき「聖書」の教えから全く離れていると厳しく批判しました。

例えば、カトリックの聖餐式（イエスの最後の晩餐にちなんだ儀式）に出てくるパン（イエスの肉）とワイン（イエスの血）が本物のイエスの血と肉となる、という教え（化体説）は誤りであると、教会の権威に真っ向から対決しました。

ウィクリフの教会批判はエスカレートする一方で、教会の財産所有、教会内の位階（聖職者の位）の構造、聖職者の托鉢行為などを否定し、聖書が庶民に理解されることの大切さを説き、聖書の英語訳にも取り組みました。

もう1つ、彼は、聖界でも俗界でも、常に義なるものに「主権」が与えられるべきと主張しています。ここには後のヘンリー8世の宗教改革に連なる思想が認められます。

こうした点でもウィクリフは宗教改革の先駆者でしたが、教会の対応は厳しいものでした。死後、1414年に開かれたコンスタンツ公会議は彼を異端として断罪し、その著作が焼かれました。さらに1426年には教皇マルティヌス5世の命令で墓が掘り起こされると、遺体は火葬され、遺骨は川に投じられました。

このウィクリフの影響を受けたのがボヘミア（現在のチェコ）のヤン・フスです。当時のボヘミアは神聖ローマ皇帝でボヘミア王のカール4世の下で、文化的にも繁栄を極めていました。カール4世の娘がイングランド王リチャード2世と結婚していたこともあり、ボヘミアはイングランドとの関係が深く、チェコ人でもオックスフォードの大学に学ぶ人がいました。ウィクリフの教説もボヘミアに伝えられました。カール4世が設立したプラハ大学で学んだヤン・フスがウィクリフの影響を受けたのは、当然のことでもあったのです。

プラハ大学の教授になったフスは礼拝堂での説教をチェコ語で行い、チェコ民衆に大きな影響を与えました。大司教や大学当局の禁止命令にもかかわらず、彼は聖職売買などの教会の堕落を批判し続けたため、当局はウィクリフの書物を焚書にし、フスは説教を禁じられました。

ピサ公会議で教皇に選ばれたアレクサンデル5世の急死後、後継者ヨハネス23世は、フスに審判を受けるよう命令を出しますが、フスが命令を拒否したため、プラハ大司教は彼を破門しました。

フスはカール4世に代わったボヘミア王に保護されました。そんな時、教皇ヨハネス23世はナポリ王との戦争のため贖宥状を発売します。フスはキリスト教徒同士の戦いに関わる贖宥状発売を批判したため、戦争に参加する予定であったボヘミア王はフス擁護の立場を捨て、フスは孤立します。

フスは教会大分裂を終わらせたコンスタンツ公会議に召喚されました。プラハ大司教などの暗躍もあり、フスは異端の罪で逮捕されます。フスが自説の撤回などを拒否すると、裁判で火刑に処せられます。

フスを支援してきたボヘミアの貴族や民衆はカトリック教会に対し武器を取って立ち上がりました。これがフス戦争です。フス戦争はチェコ人の民族的意識を高揚させることになりました。

# 保守的なルターと市民に近いカルヴァン

ルターは農民の子です。成長して信仰に目覚め、きわめて真面目な修道生活の後、ヴィッテンベルク大学の神学部教授になりました。その真面目さから1517年、神聖ローマ帝国（ドイツ）内で販売されていた贖宥状についての素朴な疑問を「95カ条の論題」として明らかにしました。本来は教会内部の問題であったようですが、当時、活版印刷が普及し始めていたことからドイツ全域に知れわたることとなり、人々は教会のあり方を厳しい目で見るようになります。

その中でルター自身も思索を深め、信仰面では急進化し、ローマ教会と決別しました。聖書に基づく真摯な信仰こそが正しい（聖書至上主義、信仰義認論）という考えを明らかにしていきました。

ルターは神の権威をより強調しました。彼の立場を支持した人文主義者のエラスムスとの論争では、人間の立場を重視するエラスムスに対し、人間は神の前では無力である、つまり人間は自由意志を持たないという立場（奴隷意志論）を展開します。

そしてルターは、中世的な規範を破壊しようとしたドイツ農民戦争について、「神の創った秩序の破壊は良くない」という観点から反対しました。少し飛躍はありますが、「君主の宗教がその領土で行われる」（これは１５５５年、アウグスブルクの宗教和議で確認されます）という領邦君主制への道を開きました。その点でルターは保守的な存在でした。

ルターは、ドイツ社会の矛盾を背景に起きたドイツ農民戦争に最初は理解を示しま

■ルター(上)とカルヴァン(下)

すが、過激化すると、諸侯たちに厳しく弾圧を要求しました。社会の秩序は神が創ったもので、それを破壊するのは許されないという理由からです。

このような考え方は諸侯たちにとって歓迎されるものでした。分裂しているドイツではカトリックのままの諸侯とルター派を採用する諸侯が入り混じり、その影響は近代にまで続くことになります（第19章参照）。

さらに注目されるのは、やはり中央集権化が進んでいた北欧諸国がルター派を採用したことです。デンマークやスウェーデンがその典型です。この両国がともに三十年戦争で新教側に立って参戦するのは、このような歴史的背景があります。

一方でカルヴァンはフランス人ですが、フランスを逃れスイスのジュネーブに移っていました。というのも当時のスイスはヨーロッパの南北を結ぶ交通の要衝で、ハプスブルク家の支配から独立したことから、市民たちの自立的傾向の強い土地であったためです。チューリヒではツヴィングリのような改革者も出てきます。

ジュネーブに招かれたカルヴァンは、ルターよりもさらに徹底して神の権威を尊重しました。人間が救済されるかどうかは神によって「予定」されているものであり、人間の意志で変えることはできない、だから人間は、神から与えられた召命、つまり

■カトリックとプロテスタント諸派

| | | 教義の特徴など | 組織の特徴など | 支持された主な地域 |
|---|---|---|---|---|
| カトリック | | ●聖書と伝承を重視<br>●聖職者の妻帯禁止 | 教皇の首位権 | イタリア、フランス、ドイツ南部、アジア、アフリカ、中南米 |
| プロテスタント | ルター派 | ●聖書至上主義<br>●信仰義認論<br>●聖職者の妻帯容認 | 領邦君主制 | ドイツ北部、スウェーデン、ノルウェー、デンマーク |
| | カルヴァン派 | ●聖書至上主義<br>●救霊予定説<br>●職業召命説 | 信者が長老と牧師を選出 | フランス（ユグノー）、オランダ（ゴイセン）、イングランド（ピューリタン）、スコットランド（プレスビテリアン） |
| | イギリス国教会 | ●教義はプロテスタント的、儀式はカトリック的 | 国王が教会の首長 | イングランド |

職業労働に真面目に従事することによって、救済されることが「確信」できるという立場を示しました（救霊予定説、職業召命説）。彼がジュネーブで行った神権政治は人々の生活を厳しく規制するものでした。彼の精神はイギリスの清教徒（ピューリタン）革命や、新大陸に渡った新教徒たちに継承されていきます。

この考え方は、それまでの教会による信仰生活の支配から、一般人の職業労働に宗教的意味を与えることになり、市民階級や知識人はこの立場を受け入れます。

この倫理観に注目したのがドイツの宗教社会学者マックス・ウェーバーで、彼はプロテスタンティズムの倫理観を資本主義の精神に結び付けて説明することになります。資本主義形成の原因については、人間の欲望に原点を置き、中世的束縛がなくなったこととする説など様々あります。

なお、プロテスタントという名前は、神聖ローマ皇帝が主宰した1529年のシュパイエル帝国議会で、皇帝カール5世がルター派を禁止したことに対し、ルター派の諸侯たちがこれに「抗議（プロテスト）」したことから一般に使われるようになります。

プロテスタントとカトリックの大きな違いは、プロテスタントが、信者自らが聖書を読むこと、聖書を拠り所にする「信仰」こそが第一義と考えることです。ローマ教会が勧めた贖宥状の購入や教会や聖地への巡礼を否定します。信者の集まる場所としての教会は認めますが、それ以上に聖書を信仰の拠り所にしています。

カトリックが教皇を頂点にした組織を維持し続けたのに対し、プロテスタントは、聖書の解釈によって分派・宗派（セクト）が生まれます。

## 離婚がきっかけになった改革

古代ローマ帝国でキリスト教が公認・国教化されて以来、教会は世俗勢力との戦いの連続でした。古代から中世にかけて、政治制度が徐々に形成されていきますが、その際、社会のあり方を正当化してくれる何らかの理念が必要になります。理念と書きましたが、これは万民を納得させられる権威ともいえます。

キリスト教は十分にそれを果たしてきたのですが、世俗の権力者の力も大きくなってくると、彼らは自らが絶対的な支配者であることを目指します。中世の叙任権闘争はその典型でした。そして、近代社会へと脱皮する過程で、イギリスではルターなどとは異なる形で「改革」が行われました。

発端は離婚問題というのが、いかにも世俗的です。イングランド王ヘンリー8世は、後継者になる嫡男を望んだゆえに、離婚と再婚を決意します。しかし、教会は離婚を許さず、教皇パウルス3世は彼を破門しました。

ヘンリー8世は教皇に対抗して国教会を立ち上げます。イギリス国教会は、イングランドの教会の首長（支配者）はイングランド国王であって、ローマ教皇ではないという点に特色がある、まさしく政治的産物でした。ヘンリー8世は同時に修道院領を没収しますが、これも行き詰まっていた王室財政を立て直すために行われたものであり、世俗的政策でした。この結果、没収された土地を買い求めた有力者たちが、イギリス近代社会の中堅になる地主層（ジェントリー）を形成していきます（第17章参照）。

## 経済の発展と明らかになる矛盾

中世の修道院が、単なる信仰の場ではなく、生産活動そして経済発展に重要な役割を果たしていたことは既に紹介してきました。

さらに時代が進み、十字軍による人の動きがイタリア諸都市を発展させ、その動きはヨーロッパ全域の経済発展に連動していきました。

商業活動によって大きな利益が得られることがわかってくると、人間は、より大きな利益を求めるようになってきます。

教会は、活発化する経済活動、特に経済活動によって必然的に生まれる「利子」については厳しい態度をとっていました。にもかかわらず、高位聖職者が奢侈極まりない生活をしているという矛盾が、徐々に明らかになっていきました。

第16章

# 祈禱から宣教へ

## カトリック改革とイエズス会の誕生

イエズス会士のことを英語ではJesuitといいます。ところが辞書には「陰険な」とか「策謀家」という、あまり芳しくない訳も入っています。イエズス会士たちの活動が強引ともいえるほどに精力的であったこと、その組織力の強大さなどから出てきた評価です。宗教改革は新教を生み出しました。カトリック教会もそれまでのあり方を反省し、新しい時代に真摯に対応しようとしました。その象徴がイエズス会でした。

## 宗教改革に対するカトリックの動き

以前は「反」宗教改革と呼ばれましたが、カトリックの改革は15世紀から始まっているため、近年では「反」宗教改革ではなく、「カトリック改革」という呼び方が増えています。

後ほど紹介するイエズス会も同様ですが、改革を目指す人々は、教会内のみならず、世俗勢力の中にもたくさんいました。ローマ教皇もこうした動きを無視できなくなってきていましたが、16世紀は国際関係も複雑で（第14章参照）簡単には公会議を開催できませんでした。

例えば、神聖ローマ皇帝カール5世と戦っていたフランス王フランソワ1世にとって、公会議によって神聖ローマ帝国域内が安定化するのは面白いことではなく、彼は会議の開催に反対しました。

カール5世とフランソワ1世の対立が一段落した1545年、北イタリアのトリエントに集まった43人の大司教や枢機卿によって開会が宣言されます。これが1563

年まで続くトリエント公会議の始まりでした。会期が3期18年（途中の休会中に、予備会議のような会議が何回もありました）まで続いたところに、問題の難しさがうかがわれます。

第1会期から第2会期にかけては、「反」宗教改革的性格よりもカトリック教会の改革を目指す傾向が強く、教義の再確認などが行われました。そもそも、何をどのように議論するかなど、基本的な進行手続きなどに時間がとられ、なかなか本題に入れませんでした。

第2会期（1551〜1552年）と第3会期（1562〜1563年）の間の1555年にはアウグスブルクの宗教和議（第19章参照）が結ばれ、カトリックとプロテスタントの対立が決定的になりました。

第3会期での確認事項は多岐にわたります。カトリックの信仰の確かさ、聖職者のあるべき姿に対する厳しい姿勢などを確認し、伝統を踏まえた上で新しい時代に対するカトリック教会の積極的な対応策を決定しました。

教皇ピウス4世は、トリエント公会議が終わった翌1564年に決定事項を承認して、法的根拠を与えました。ルターやカルヴァンが示した「聖書に基づく信仰」をはじめとする、新教側の立場には同意できないといったことが確認されました。

これにより、カトリックとプロテスタントの決別が決まり、カトリック側は、この決定に基づいた改革を次々に実行していきました。

しかし、プロテスタントの多い神聖ローマ帝国域内や、ガリカニスム（フランスの国王至上主義）傾向の強かったフランスなどでは、すぐに受け入れられたわけではなく、16世紀後半から17世紀の宗教戦争（第19章参照）を避けられませんでした。

## ロヨラとザビエルのイエズス会

イグナティウス・デ・ロヨラは1491年、スペインのバスク地方の騎士の家に生まれました。少年期にカスティーリャの財務長官に仕え、軍人として礼節と忠誠を学ぶ一方で、30歳まで軍人として決闘や賭博、恋愛を楽しむ世俗的な人間でした。

しかし、戦闘中の大怪我により入院、そこで騎士文学を読もうとしますが、それがなかったため聖書やキリスト伝に親しみ、彼自身も聖人のような自己犠牲的生活をすることに憧れるようになります。特に彼が理想としたのが、アッシジの聖フランシスコ（第9章参照）で、退院後、家族と離れ、修道院に入り、霊的生活（神に近づき信仰を深める生活、祈り・学習だけでなく様々な実践活動も行う）を本格的に始めました。そして、数々の神秘的体験をしましたが、それが後に『霊操』を記述する元になったとされます。

その後、彼はエルサレム巡礼をはじめ、様々な実践的・学問的修養を重ね、1528年にパリに移りました。パリ大学で神学を学びます。当時の彼は食べ物にも事欠く生活でした。そのような状況で、1534年、同じバスク出身のフランシスコ・ザビエルを含む6人の仲間とともに、清貧・貞節・救霊のための労働・エルサレム巡礼の誓願を立てます（「モンマルトルの誓い」といいます）。これがイエズス会発足のきっかけとなります。

1540年、イエズス会は教皇パウルス3世によって公認されました。イエズス会士は、神のために戦うことが使命になり、地上ではローマ教皇にのみ奉仕することが義務づけられました。

イエズス会を語る時、日本人にとって忘れられないのはフランシスコ・ザビエルです。彼は1525年、パリ大学に留学します。このときロヨラと知り合い強い影響を受けました。

イエズス会設立の目的の1つに世界への宣教がありました。ポルトガル王ジョアン3世の強い要請でザビエルは1541年にリスボンを出発、インドのゴアに向かいます。ゴアでの布教が成功した後、マレー半島のマラッカに向かい、そこで日本人のヤジローと出会いました。そして日本布教を決意、鹿児島に上陸したのは1549年のことでした（以後は第20章参照）。

## 最大の使命は宣教

イエズス会もカトリック教会の修道会の1つです。宗教改革と前後してイエズス会などとともに多くの修道会が組織され、それぞれが改革運動を実践していました。中世の修道院（第9章参照）と近世の修道院の大きな違いは、前者では祈りの時間が重要だったのに対して、後者は「宣教」が最大の使命（mission）であり、祈りの時間を厳守する義務から免除されていることです。

なお、修道会は全てローマ教皇の管理下にあり、教義の対立から生まれたものではありません。そのためにと考えるべきでしょうが、イエズス会士は、堕落している教皇や高位聖職者を真面目に批判することもあり、両者に対立が生まれたのは皮肉なことでした。

イエズス会は、プロテスタントと対決したというイメージが強いですが、カトリック内部にも厳しい目を向けていました。もちろん、プロテスタントとも対決します。その中で注目される例はポーランドです。ポーランドは今日カトリックの国として知られていますが、16世紀のポーランドはプロテスタントの勢いが非常に強く、イエズス会は布教その他で庶民に受け入れやすい方法を採用し、カトリックの再建に成功しました。

さて、イエズス会への入会は厳しい条件に合格しなければならず、11年の修練が必要でした。最初の2年は病院での奉仕・托鉢・巡礼、続く8年は人文・哲学・神学の研究に充てられ、最後の1年で霊的修行を行います。そのようにして選ばれた会士の中で、特に優れた者が教皇への謁見を許され、直接に服従を誓います。そして彼らがイエズス会の最高幹部になりました。

イエズス会の発展には目覚ましいものがありましたが、他の団体からの嫉妬や反感が大きくなりました。イエズス会では、カトリック国家を建設するには国王に接近するのが一番と考え、様々な策謀を巡らせました。フランスのアンリ3世の暗殺や、アンリ4世やイギリスのエリザベス1世の暗殺計画に関わったという疑いが持たれ、こうしたことも不信感を大きくしました。

元々は清貧に甘んじる人々の集まりだったイエズス会ですが、組織運営のために大規模な商業活動を行いました。香料などを扱う会社を設立し、利益をあげ、活動資金にしていたようです。商業活動によって得られた莫大な富は一部の会士たちを堕落させ、時には損失を出し、投資家を怒らせたりもして、不満を増幅させました。

## 国王の圧力、解散の危機、そして再建

18世紀のイエズス会は2万3000人以上もの会員を有し、経営する神学校は

700を数え、住居だけでも800余りもあったといわれます。この時代にイエズス会の最大の脅威になったのは、世俗の国家権力、つまり絶対君主でした。教皇を頂点に国境を越えて活動するイエズス会は、各国の国王から嫌われ、各方面からの圧力が高まります。

教皇クレメンス13世（在位1758～1769）はこうした圧力をかわしていましたが、次のクレメンス14世（在位1769～1774）は、教皇に選ばれる条件にイエズス会解散を約束していたともいわれています。彼は、解散の署名を引き延ばしていたのですが、抗しきれず、1773年にイエズス会禁止の回勅を発表しました。

しかし、ロシアやプロイセンでは、エカテリーナ2世やフリードリッヒ大王がイエズス会士の真面目さと優秀さを認め、保護し続けました。イギリスに逃れたイエズス会士も多かったのですが、イギリスでは国教会の成立の経緯からして、国内のカトリック教徒は教皇の命令に服従することが禁止されており、皮肉なことに、イエズス会士は弾圧の対象にはなりませんでした。

フランス革命からナポレオン戦争という教会受難の時代を経て、1814年にはウィーン会議でイエズス会の復活が承認されました。イエズス会はウィーン反動体制の雰囲気にうまく対応したため、各国での評判も良く、かつての隆盛を取り戻しました。とはいうものの、弾圧された時代を教訓に、政治活動からは距離を置き、もっぱら布教と教育に力を入れるようになりました。

イエズス会は、スペインを皮切りにヨーロッパ各地にコレジオ（学校）を設立します。日本にもコレジオは建てられ、日本語とポルトガル語の辞典も作られています。20世紀になってイエズス会は上智大学をはじめ多くの学校を設立しましたが、それもこうした伝統の上に立っているのです。

ところで、現在の教皇フランシスコ（第30章参照）はイエズス会の出身です。彼は教皇名として、アッシジの聖フランシスコにちなんでフランシスコを名乗りましたが、そのとき、「君はクレメンス15世を名乗るべきだ。そうすればクレメンス14世に仕返しできるではないか」と言った人物がいるそうです。長い歴史を持つ組織ですから、名前の選び方一つでも様々な話題が出てきます。

第17章

# 新興国と新教徒

## イギリス、オランダ、スイスの宗教事情

ライン川の下流域、現在のオランダ、ベルギー、ルクセンブルクを合わせてネーデルラントと呼びます。この地域が歴史的に注目されるようになるのは、政治問題よりも経済的重要性からでした。封建的束縛が少なかったことも経済の発展に幸いしました。特にオランダ人の進取の気風は、現在ある経済制度の多くを生み出しました。イギリスはオランダに学びながら成長していきます。こうした発展と両国の宗教事情には似通ったものがあるかもしれません。

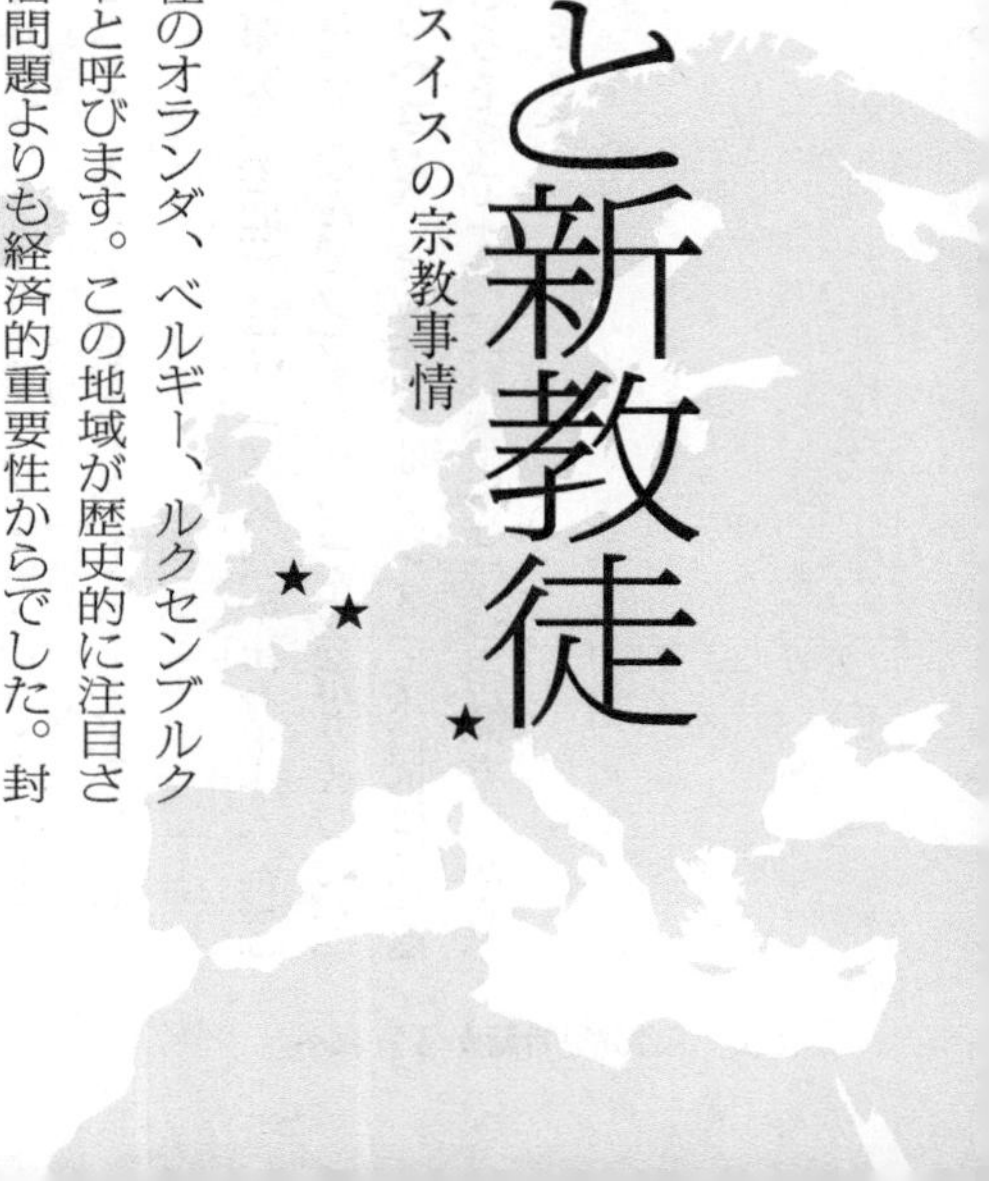

## 来る者を拒まない新興国

ネーデルラントの中心部、現在のオランダ南部からベルギーの西部、そしてフランス北部地域は毛織物業が発展した地域として知られています。毛織物の原料になる羊毛はイギリスから輸入され、イギリスとの関係が深い地域でした。

この地域はフランドル伯の領地でしたが、14世紀の後半、伯爵家の断絶後、フランス・ドイツの境界地帯の大諸侯ブルゴーニュ公が継承します。そのブルゴーニュ家をハプスブルク家が継承して、ネーデルラント全体はハプスブルク家領になりました。

このハプスブルク家は現在のスペインまで支配領域を広めましたが、16世紀の半ば、アウグスブルクの宗教和議を承認した、同家の血を引く神聖ローマ皇帝カール5世（スペイン王カルロス1世）の引退後、同家はスペイン系とオーストリア系に分裂、ネーデルラントはスペイン系の支配下に入りました。

16世紀後半は、宗教改革に反対し、旧教派の巻き返しが激しくなってくる時代です。カール5世は異端審問を強化していましたが、オランダの地には、経済的繁栄を前提にして、迫害された人々を受け入れる寛大な精神風土がありました。ルター派やカルヴァン派の人々が流入し、プロテスタントの勢力が大きくなっていました。ちなみに南部のベルギーはカトリック勢力が強い地方で、後に分離します。

## オランダとスイスが独立へ動く

スペイン領になったネーデルラントでは、国王フェリペ2世による経済的収奪に加え、異端審問官による新教弾圧が強化されました。このとき、南部のプロテスタントで北部に移住した者も多かったようです。

1568年、支配層から「乞食」を意味する「ゴイセン」と嘲笑されたのを、自称にした中小規模の貴族を中心に、ネーデルラント市民が立ち上がりました。1579年にいったん休戦条約が結ばれます。その後、親スペインのアラス同盟（ベルギー王国の母体）に対し、北部7州はユトレヒト同盟を結成、ネーデルラント南北の対立が決定的なものとなりました。

1581年、新教派のイギリスの支援もあり、ユトレヒト同盟はネーデルラント連邦共和国の独立を宣言しました。その後も戦闘は続きますが、1609年の休戦協定で実質的な独立を勝ち取りました。一方、南部のベルギーはスペインの支配下に留まりました。

中世の経済発展期、スイスはヨーロッパを南北に貫く街道の中心にあり、人々の往来が増える中で都市も発展します。ハプスブルク家は元々、スイスの東北部の出身なのですが、徐々に領地を広げ、ついには神聖ローマ皇帝位も手にします。

ハプスブルク家がスイスに対して厳しい課税などを行う中、13世紀からスイス人の抵抗運動が始まりました。有名なウィリアム・テルの伝説はそのような中で生まれました。

16世紀には実質的に独立を果たしたスイスの民にとって、ジュネーブを訪れたカルヴァンや、チューリヒのツヴィングリの説く新教は魅力的でした。

しかし、スイスにもカトリック教徒がいました。その代表は長い歴史を持つスイス人傭兵です。傭兵制度は宗教改革の前から採用されており、その果敢な活躍からローマ教皇を護衛する任務が伝統となり、現代に至っています。

## 王と議会と市民革命

イングランド王ヘンリー8世を継承したエドワード6世は新教を採用しましたが、続くメアリー1世はカトリックに復帰しました。さらにエリザベス1世の時代になって、ヘンリー8世の基本原則に戻り、国教会が確立されました。しかし、エリザベス1世の死によって新しく始まったスチュアート朝がスコットランドの王家であったため、問題はより複雑になりました。

イングランドは国教会が主流になっていましたが、スコットランドではカルヴァンの影響を受けた清教徒（ピューリタン）が強かったのです。

イングランド王チャールズ1世（在位1625〜1649）がカトリックのフランス王アンリ4世の娘を王妃に迎え、またスコットランドに国教会を強制したことがピューリタンの不満を大きくしました。さらに当時行われていた三十年戦争で、新教側を援助したことによる財政の悪化と課税の強化も国民の不満を大きくしていました。

反乱は1642年から本格化しました。当初は国王派と議会派（反国王）の勢力は

■イギリス王室の系図（スチュアート朝）

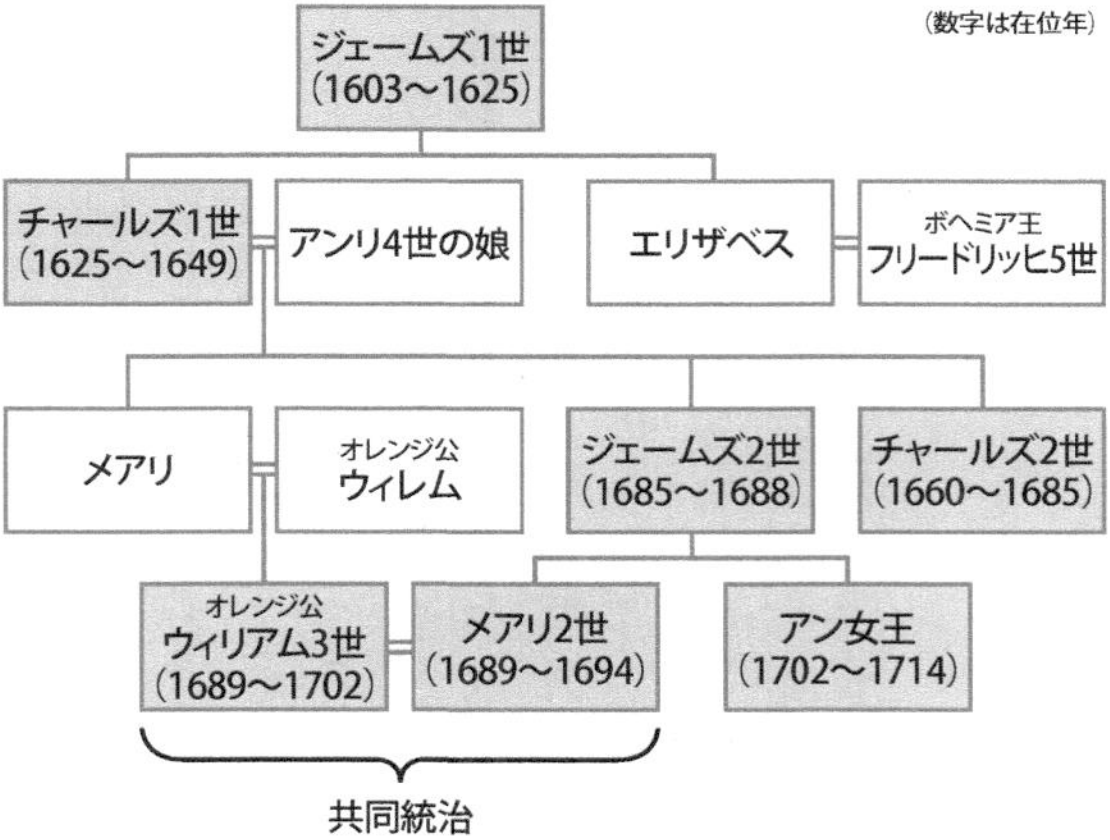


ほぼ互角でしたが、ピューリタンのクロムウェルが台頭し、１６４９年には国王チャールズ１世を処刑、イギリス史では珍しい共和制を樹立しました。

しかし、護国卿クロムウェルが行った神権政治ともいうべき禁欲的な政治にイギリス人の不満が高まっていきます。その不満が爆発する前にクロムウェルは死去、クロムウェルの息子が後を継ぎますが、彼は護国卿をすぐに引退します。

その後チャールズ２世が国王になり、王政が復活します。なお、１６７３年に「審査法（律）」が制定されます。非国教徒の公職就任を禁止したこの法律は、以後150年ほど、カトリックを含む非国教徒にとって不満の対象になります。

国王の専制政治に市民が挑戦したという点では清教徒革命（ピューリタン革命）も「市民」革命として位置づけられますが、王政復古後、国王が再び専制化し、それに対して起きた議会派の抵抗はまさしく市民革命と評価されます。

1688年、国王ジェームズ2世は逃亡し、「無血」のうちに革命は進んでいきます。このとき、議会は共和制を採用せず、オレンジ公夫妻（妻メアリ2世はジェームズ2世の娘）を国王として迎え、立憲体制を維持しました。議会が発表した「権利の宣言」が、新国王によって承認され「権利の章典」として発布されます。

これによってイギリスの絶対主義は消滅し、議会主義の原則が確立しました。1688年の無血の政変は「名誉革命」といわれます。

なお、このような宗教的混乱を嫌ったピューリタンたちが新大陸に渡ったのがちょうどこの時代であったことも注目すべきでしょう（第22章参照）。

## 大ブリテン・アイルランド連合王国の成立

イングランドとスコットランド、アイルランドの関係は少し複雑です。スコットランドに独立の王国が成立したのは9世紀頃とされますが、11世紀以降イングランドとの戦いが断続的に起きました。

対立の一方で姻戚関係も形成され、イングランドでチューダー朝が断絶した時、スコットランド王がイングランド王にもなり、スチュアート朝が成立するというようなことになりました。1707年、大ブリテン王国の成立によって両者が合同します。

アイルランドはカトリックの伝統の長い国です。イングランドとの関係も長いのですが、16世紀、ヘンリー8世がこの島を支配しアイルランド王となったことが、アイルランド王国の始まりです。

そして、イングランドからアイルランドへの移住者も増えていきます。それを決定的にしたのが17世紀、クロムウェルがカトリック討伐のため行ったアイルランド征服です。

アイルランド人は移住してきたイングランドの有力者に土地を奪われます。そのアイルランドが政治的にイングランドと同等だと地位が認められるのは1801年、大ブリテン・アイルランド連合王国の成立によります。アイルランドへの差別・抑圧がなくなったわけではありません。

19世紀のイギリスは、経済的繁栄を背景に、政治の世界でも自由主義の傾向が高まってきます。その中で、「審査法」が問題化し、1828年に廃止されます。

この結果、ピューリタンなどの非国教徒は公職に就く権利を求めることができるようになりました。しかし、カトリックに対しては依然として差別が残っていました。

そのような中、アイルランドで行われた下院議員の補欠選挙で「カトリック協会」のオコンネルが当選しました。しかし、彼はカトリック教徒のため、当選が認められないという事態が起きました。

アイルランド人の不満が高まり、1829年「カトリック教徒解放法」が成立します。当時の教皇ピウス8世が喜んだことはいうまでもありません。

とはいえ、このような自由主義的傾向の拡大はカトリック教会を追い詰めていきます。

一方、アイルランド人がイギリス人の不在地主によって厳しい収奪を受けている状況は変わりませんでした。

19世紀半ばにアイルランドで起きた「ジャガイモ飢饉」は、多くの餓死者を出し、アイルランドを見限った人々はアメリカに移住しました。この人々の末裔に、アメリカ初のカトリック教徒の大統領ジョン・F・ケネディがいます。

アイルランドの北部（アルスター地方）はイングランドからのプロテスタント系移住者が多く、この地域の存在がアイルランド独立のネックになりました。

1922年には北アイルランドを分離してアイルランド自由国（この段階では自治領、1949年に完全独立して共和国）となりますが、北部は「北アイルランド」として「大ブリテン王国」と合同しました。

これに反対し、アイルランドの統一を望む一部のカトリック勢力は、アイルランド共和軍（IRA）を組織して武力闘争に走ります。そしてプロテスタントの過激派が反撃、さらにはイギリス正規軍も介入する「戦争」状態になりました。1998年に両者の和約が成立しましたが、まだ完全な安定が訪れたとはいえない状態です。

# 第18章

# 布教の新天地

## ラテン・アメリカの植民地化とラス・カサスの批判

古代から西方世界では、中国の絹やインドの香料・宝石など東方の産品は魅力的なものとして認識されていました。ヘレニズム時代に考察された地球球体説は中世を通じて静かに広まります。15世紀後半、地理学者トスカネリが地球球体説に基づく地図を作成、その地図を信じたコロンブスは西回りでのインドへの航路を求め、西方世界にとっての新大陸を「発見」しました。やがて宗教改革に直面する教会にとっても布教の新天地になりました。

# ラテン・アメリカ世界の形成

ラテンとは「ローマ」に由来する言葉です。ローマを建国した「ラティウム」人が語源で、イタリアはもちろんスペインやポルトガルなど、ラティウムの影響を強く受けた文化圏を指します。その結果、スペインやポルトガルが植民地にしたメキシコ以南のアメリカ大陸にある諸国をラテン・アメリカと呼ぶようになりました。

この地域では、プロテスタントが移住して建国したイギリス植民地（アメリカとカナダ）とは対照的に、カトリックが強引ともいえる布教を行ったこともあり、その影響が強く残っています。なお、ラテン・アメリカのスペイン植民地を「インディアス」、そこに暮らす人々を「インディオ」と呼んでいました。以下ではその名称を用います。

インディアスでカトリックが根づいた理由は、本国スペインで教会が大きな権威を持っていた時代に新大陸の「発見」と「経営」が行われたためです。

コロンブスが新大陸に到達した年、ヨーロッパにおけるイスラムの最後の拠点であったグラナダが陥落し、スペイン国内でのレコンキスタが終結しました。

しかし、スペインの十字軍的意気込み、キリスト教徒の精神の高揚は衰えることがなく、カトリック両王（アラゴン王フェルナンド2世とカスティーリャ王イザベラ1世）も、それまでの戦いの輝かしい歴史の上に、さらに新しい世界への展開を願っていました。アメリカ大陸はそれに応えるように「発見」されました。

ボルジア家出身の教皇アレクサンデル6世（在位1492～1503）は、カトリック両王に新大陸の領有権を認める代償として、地域住民のキリスト教化を命じました。

インディアスにおけるキリスト教化は、国王と教皇の思惑が一致したところから始まります。国王は、自分に有利な条件を次々に引き出しながら、インディアスの教会の支配者になり、一方で教会はスペインのインディアス支配の一部になりました。

この結果、スペインはローマ教皇の強力な保護者になり、宗教改革に対抗する異端審問は、スペインで非常に強化されることにもなりました。スペイン王室と神聖ローマ皇帝を輩出しているハプスブルク家の結びつきが強化されたのは、両国の「反フランス」という性質も重要ですが、このような事情からも説明されます。

スペイン王カルロス1世（在位1516～1556）は神聖ローマ皇帝としてはカ

## ■ラテン・アメリカの植民地化と布教の拠点

ール5世となり、広大な領地を手にしたことから、「日の没すること無き世界」に君臨したといわれています。

インディオたちにとって、スペイン人によるインディアス支配は過酷なものでした。スペイン人は最初、金や銀の採掘を行いますが、プランテーションや牧畜なども発展させます。その過酷な労働に加え、旧大陸からもたらされた天然痘やインフルエンザなどの疫病が抵抗力のないインディオたちを襲い、人口を急激に減らしていきました。教会にとって、先住民のキリスト教化が一番大切な仕事です。しかし、ことは簡単ではなく、まず言葉の問題に直面しました。土着の信仰を捨てさせるというのも簡単ではありません。

これらの解決のため宣教師たちはそれぞれの言語の辞書を作り、併せて子供たちのための教育を開始します。この結果、今日では失われてしまったインディアス文化の貴重な記録も残されました。皮肉な歴史の1つの典型です。

宣教師たちは、先住民への布教に際し、看過できない現実にぶつかりました。植民者（コンキスタドレスといいます）たちによる先住民へのあまりに無慈悲な対応です。このとき、宣教者たちは、国王に対して、現実の統治方法について批判することが容認されていました。これが後述するラス・カサスのような人物を生み、その中で近代の人権思想に連なる考えが培われていたことを指摘する学者もいます。

## 解放の先駆者ラス・カサス

ラス・カサス（１４７４〜１５６６年）はセビリアの生まれです。そこはコロンブスの新大陸到達（当初は「インド」到達）で湧き、１５０２年にはラス・カサスもカリブ海のイスパニオラ島（現在、島の西部がハイチ共和国、東部がドミニカ共和国）に渡ります。そこで彼自身、先住民の抵抗の鎮圧に参加し、さらにインディオを使った農場経営も行ったりしました。しかし、本国に帰り司祭職を志し、再び新大陸に渡った時から彼は大変身します。

キューバで彼はコロンブスの息子や、後にメキシコでアステカ文明を滅ぼすコルテスなどが行ったインディオに対する虐待や拷問に衝撃を受け、以後、聖書研究に没頭しました。１５１４年、自ら保持していた土地を捨て、奴隷を解放するとともに、エンコミエンダ制（植民時代初期、コンキスタドレスに与えられた土地や先住民への特権）を痛烈に批判し、本国に戻って政府に訴えました。

しかし、政府の対応は、彼にとってはもどかしいものであり、彼は新国王のカルロス1世に直接訴えます。ラス・カサスの行動に対しコンキスタドレスは不満を持つようになり、彼は身の危険を感じ修道院に籠ります。

その後、インディオに詳しい彼は、ドミニコ会からイスパニオラ島の修道院長に任命され、そこで布教の傍ら、インディオ保護を改めて訴えました。それを聞き入れた教皇パウルス3世や国王カルロス1世はインディオ保護の勅令を出し、法を定めますが、コンキスタドレスの間の評判はますます悪くなっていきます。

一方で、インディオ人口は激減しており、実際問題として労働力不足は深刻であったため、ラス・カサスは、アフリカの黒人奴隷の導入を勧めます。もちろん、黒人に対しても酷い扱いが行われたため、やがて彼はそのことも批判するようになります。

教会が彼の立場を認めたのは、その死後2年目でした。15～17世紀、スペインの国威が低下する中で、ラス・カサスの著作はヨーロッパ各国で読まれました。コンキスタドレスだけでなくスペイン人の残虐性を批判する材料に使われるようになると、スペイン国内で彼は国賊のような扱いをされ非難を受けます。その後、ラテン・アメリカ諸国が独立を果たす中で、彼は解放の先駆者として評価されるようになります。

## ラテン・アメリカへの布教活動が残したもの

時間が経つにつれ、インディアスにおける教会のあり方は変わってきていました。寄進や買収によって教会自身が大土地所有者になり、世俗の有力者以上の権力を持つ者も出てきます。彼らは子供の教育のための学校を建て、病院や孤児院などを整備し貧困者の救済も図りました。都市には壮麗なバロック様式の教会堂や修道院が建てられ、キリスト教の威厳を示しました。

これに並行して、教会の運営システムが変化していきました。植民地開拓時代はフランシスコ会やドミニコ会、さらにはイエズス会など修道会系の布教が行われていました。しかし、徐々にローマを頂点にした教会の組織化が進んでくると、独立志向の強い修道会よりも、教皇を頂点にする組織の方が、国王にとっても制御しやすくなりました。修道士たちは都市を追われ、辺境の未開地に移り住んで布教を行うようになります。

宗教上の問題だけではなく、スペイン人によるインディオへの過酷な支配への反感もあり、布教は二重三重に困難を極めましたが、宣教師は時に植民者と戦いながらインディオの心をつかんでいきました。

この時代の宣教の結果、この地域のカトリック人口が、昨今のローマ教皇選出に影響するまでになっています。

## ラテン・アメリカ諸国の独立

19世紀初め、アメリカ独立革命やフランス革命の影響を受け、ラテン・アメリカ諸国は次々と独立を果たします。国家独立の思想的背景には啓蒙思想があったため、カトリック教会に批判的に対応する国家も出てきます。聖職者の中にはスペイン国王の立場で独立に反対する者もいました。カトリック教会への批判がプロテスタントの導入という形で現れた国もありました。ラテン・アメリカ諸国の独立が有力軍人などを中心にして行われたため、一般のインディオの生活にはほとんど影響がありませんでした。

キリスト教はすでにインディオの生活に深く浸透しており、教会は教育や病院経営、さらには様々な慈善事業を担っていました。言い換えれば、キリスト教の果たす役割は植民地時代と変わらず、独立を果たした国家の指導者たちもそのようなキリスト教を歓迎しました。

今日、ラテン・アメリカ諸国も工業化や経済の自由化によって社会のあり方が変化しており、貧困や人権問題と向き合う「解放の神学」という新しい動きも出てきています。これに関しては教会内部にも激しい対立があるようで、16世紀の宗教改革のような動きに連なっていく可能性もあるようです。

# 第19章

# 宗教戦争

## 新旧の衝突と主権国家の誕生

★

歴史が大きく変動する時には、何らかの原因があります。16～17世紀の宗教改革・宗教戦争はヨーロッパの歴史を大きく変えましたが、教会の腐敗という言葉だけではない、もっと大きな社会の変化がありました。経済活動が盛んになり、農民や市民の意識が高まっていたこと、さらには諸侯たちが、教会と皇帝という2つの権力が対立している中で、新しい問題意識を持ち始めていたことです。宗教改革者の問い掛けはこれらに応えるものになりました。

## 力をつける諸侯とアウグスブルクの宗教和議

ローマ教皇を頂点にした中央集権的な組織（ヒエラルキー）は、世俗諸侯にとっても魅力的な体制でした。とはいうものの、同じような組織がすぐに確立できるわけではなく、かといって諸侯が教会制度を支配下に入れるのも簡単なことではありません。

中世世界では教会や修道院に加え、道路や橋の建設は、公共事業の一面を持ち、自給自足の社会を徐々に解体させていくことになります（第15章参照）。具体的には、労働者への食料供給の必要性から始まり、それに伴って商人や職人が出現、彼らの活動範囲は広がり、都市が建設されていきます。

領主（諸侯）の力が大きくなり、諸侯と国王との「主従関係」を基盤にする分権的な秩序が崩れていきます。宗教改革の頃には国王と諸侯たちの対立が激化しました。

ルターの投じた一石は、続くカルヴァンやツヴィングリによる追い風にも乗って、神聖ローマ帝国（ドイツ）社会のみならず、ヨーロッパ全域に大きな影響を与えていきます。ルターが「95カ条」を発表した5年後の1522年、神聖ローマ帝国域内では帝国騎士戦争が起き、1524〜1525年にはドイツ農民戦争が続きます。これらの動きが過激化すると、ルターはそれを批判し、領主に鎮圧を勧めます。

ここでは、新教とはいうものの、宗教の持つ保守的性格を見ることができます。さらに、皇帝が動乱の鎮圧に乗り出さず、諸侯が鎮圧したため、領邦君主体制への道が開かれたとも考えることができます。

もう1つの改革の舞台がスイスです。ハプスブルク家からの独立をほぼ達成していたスイスでは、ツヴィングリやカルヴァンが改革を始めました。ここでもカトリック勢力との衝突、厳しい神権政治への不満など混乱は続いていますが、このような宗教的混乱が、当時行われていたイタリア戦争とも関連して、全ヨーロッパ的な国際紛争に拡大します。

フランスのフランソワ1世と神聖ローマ皇帝カール5世の対立に、当時の教皇クレメンス7世（在位1523〜1534）も巻き込まれます。教皇が皇帝に接近すると、フランソワ1世はイスラム国家オスマン帝国に接近します。

1529年、シュパイエル帝国議会で皇帝がルター派を禁止すると、新教派が抗議（「プロテスタント」の名前の起源です）します。この年、オスマン帝国が第1次ウィーン包囲を行ったこともあり、翌1530年のアウグスブルク国会では神学者メランヒトンの調停が失敗、翌1531年、新教派はシュマルカルデン同盟を結成します。

それまで、ルターと諸侯たちの足並みは決してそろってはいませんでした。同盟を結び、さらにはフランス王との関係を強化する中で、諸侯たちの領域内にあるカトリック教会の財産の没収などが行われるうちに、新教派諸侯の力は名実ともに大きくなっていきました。

フランソワ1世が1542年にイタリア戦争を再開すると、皇帝の圧力が弱まったことを利用して同盟が決起するのですが、慌てたカール5世はフランソワ1世と和約します。さらに同盟の切り崩しも行われると、1546年からシュマルカルデン戦争が本格化します。

翌年にはカール5世が勝利して、カトリック側に有利な条約が結ばれそうになるのですが、カール5世の強引さに不満を持ったザクセン公が反抗、改めて和平交渉が行われます。

最終的には1555年のアウグスブルクの宗教和議を迎え、都市・領邦単位でルター派かカトリックかを選ぶことを確認して終結します。カルヴァン派は認められませんでした。ここで、「領主の宗教がその領地で行われる」という原則が成立し、いったんは落ち着きました。なお、この戦争の過程で、北欧で集権化を進めていたデンマークやスウェーデン、ノルウェーにもルター派が拡大していきました。

## 新旧対立が拡大する

フランスではカルヴァン派を信仰する人々（ユグノー）が増え、有力諸侯でもカルヴァン派を信仰する者が増え、諸侯間にも新・旧の対立が生まれます。

1562年、ヴァシーの虐殺（カトリックによるユグノー虐殺）事件から両派の断続的な戦いが始まります。

1572年の聖バーソロミュー（サン・バルテルミ）の虐殺事件は、この戦争を終わらせるために新教派のナヴァル王（ブルボン家）のアンリ（後のアンリ4世）と旧教派の国王シャルル9世の妹を結婚させようとし、新教徒がパリに集まったのを利用した、旧教派によって行われた新教派虐殺事件です。

■16世紀のヨーロッパの宗教分布

1589年、アンリが国王に即位し、ブルボン朝が始まります。彼はナントの勅令で新教徒の信仰を保障し、戦争に終止符を打ちました。その際、自らは新教から旧教に改宗し、国内の安定を図りました。

フランスでは17～18世紀、第2の宗教改革ともいうべき問題が起こります。詳しい神学的な内容には触れませんが、宗教改革の大テーマ「神の恩寵と人間の自由意志の関係」が問題になりました。ルターが展開した「奴隷意志論（救済には人間の意志は全く働かない）」に対し、彼の友人であったエラスムスは、人間を讃える人文主義の立場から「自由意志」を主張、人間の持つ力を強調したのです。この問題の解決は難しく、17世紀の初め、教皇パウルス5世はこの論争に中止を命じました。

17世紀のオランダで、ヤンセンがこの問題を蒸し返します。同世紀半ば以降、論争が激化しましたが、「自由意志」「奴隷意志」という問題以上に政治的色彩が強まります。ヤンセンの考え（ジャンセニスム）はフランスのパスカルを含め多くの知識人の支持を得ましたが、イエズス会は真っ向から反対しました。

強化される王権に抵抗してフランスの貴族らが起こしたフロンドの乱（1648～1653年）が鎮圧されると、国王によるジャンセニストへの対応が厳しくなりました。背後に、リシュリューやマザランというルイ14世を助け中央集権化を進めた宰相がおり、彼らに対する不満が絡んで、論争が展開しました。最終的にはルイ14世の決断でジャンセニスムは根絶されていきます。

そのルイ14世は、これに併せ、ガリカニスムを推進しました。これはフランス王権が教皇から独立していることや公会議の優越などをいう立場ですが、当然、教皇は反発しました。ルイ14世その人は宗教よりも政治を重視する人物であり、最終的にはガリカニスムを完成させていきます。ユグノーの信教の自由を認めていた「ナントの勅令」の廃止も彼の時代です（1685年）。

## ヨーロッパ諸国を巻き込んだ三十年戦争

ルターを生んだドイツでは、プロテスタントの拡大が目覚ましく、アウグスブルクの宗教和議の後も混乱が続きました。しかしイエズス会の活動も活発化して、カトリック側の巻き返しが激しくなり、諸侯や都市は旧教同盟（リガ）や新教同盟（ウニオン）を結成し、両者の衝突事件も増えてきました。三十年戦争のきっかけは両同盟に加盟していないハプスブルク家の領域で起こりました。

この戦争は最初から宗教を離れた世俗的な性格が出ています。1617年、ボヘミア王（後の1619年に神聖ローマ皇帝）であったハプスブルク家のフェルディナンド2世が、宗教改革の先駆者ヤン・フスを生んだボヘミアへカトリックを強制したことが戦争の原因でした。

これに対して、ボヘミアの新教徒はプラハの王宮を襲い、国王の顧問官らを窓から突き落とすという事件を起こしました。新教側の諸侯たちはファルツ選帝侯のフリードリッヒ5世をボヘミア王として擁立し、ハプスブルク家に対抗しました。

このとき、ファルツ選帝侯とボヘミアの新教徒との同盟をザクセンやブランデンブルクなどの新教系諸侯は支援せず、旧教派のハプスブルク家に与しました。さらにザクセンは、状況を見ながら新教側、旧教側を揺れ動きました。

この戦争の第1段階（ボヘミア・ファルツ戦争）では、新教側が敗れ、ボヘミアではハプスブルク家によるカトリック強制が強化されました。このため周辺のデンマークやスウェーデンなどの新教国が動き出します。そのとき、裏でデンマークやスウェーデンを動かしたのが、旧教国フランスの宰相リシュリューであったとされます。

1625年、デンマークのクリスチャン4世は新教側で参戦しました。その原因も、新教、旧教の対立よりも自分の息子の司教職就任をフェルディナンド2世に拒絶されたことにあるといいますから、何をかいわんやです。この戦争（デンマーク戦争）では、フェルディナンド2世が配下に置いたボヘミアの傭兵隊長ワレンシュタインが活躍して、デンマークは劣勢になり、スウェーデンの支援を得て休戦しました。

■17世紀半ばのヨーロッパ

続いて1629年、スウェーデンのグスタフ2世アドルフが参戦しました（スウェーデン戦争）。このときワレンシュタインが罷免されていたこともあり、当初、スウェーデンが優勢でした。慌てたフェルディナンド2世はワレンシュタインを呼び戻しました。

1632年、リュッツェンの戦いが最大の戦場になりました。ここでグスタフ・アドルフは戦死、その後ワレンシュタインも暗殺され、休戦しました。

フランスは1635年になってスペインに宣戦します。新教国スウェーデンと旧教国フランスが手を組んでハプスブルク家と戦うということになってしまったのですが、戦線は膠着し、1644年から講和会議がウェストファリア地方のオスナブリュックとミュンスターで始まりました。

講和では、アウグスブルクの宗教和議が再確認され、カルヴァン派も公認されました。また、実質的に独立を達成していたオランダとスイスの独立が、国際的に承認されました。

講話で締結されたウェストファリア条約によって、都市や領邦は外国と自由に条約を結べることになり、実質的に独立国家となりました。

ちなみに、神聖ローマ帝国は、帝国を構成する領邦に主権が認められたことで、名目だけの存在となりました。

この間のローマ教皇はウルバヌス8世（在位1623~1644）でした。彼は神聖ローマ皇帝のイタリア進出を防ぐため、同じ旧教国のフランスと結びましたが、フランスは新教側と組んでおり、これは、ドイツでのカトリック勢力の弱体化を招きました。

ウェストファリア条約調印時の教皇はインノケンティウス10世（在位1644〜1655）でした。この条約ではカトリックの権利が明記されず、交渉において教皇が主導権を握れなかったことに加え、プロテスタントの権利ばかりが強調され、カトリック側は不満を大きくしました。教皇の立場は無視され、神聖ローマ帝国の形骸化が決まったと同様に、教皇権の衰微も決定的になりました。

三十年戦争を戦いながら、世俗の君主は自らの権力の強化を図っていました。ドイツの場合、各領邦の独立性が強くなっていきます。特にプロイセンとオーストリアはドイツを代表する2大領邦になりました。前者がルター派を、後者がカトリックを信奉する国家になったのは対照的です。フランスは戦争中に即位したルイ14世のもとで絶対主義体制を完成させます。北欧のスウェーデンはバルト海周辺に勢力を拡大、バルト帝国と呼ばれる強勢を誇ります。イギリスでは三十年戦争末期にピューリタン革命（第17章参照）が勃発し、しばらく混乱が続きますが、18世紀には立憲君主国家として新しい発展期に入ります。

ローマ教皇が「最後にして最大の宗教戦争」といわれるこの戦争の終結に向けて何もできなかったことに示されるように、教会の世俗勢力への影響力は低下しました。

## 第20章

# 武器を売り福音を伝える

### 日本における宣教と殉教

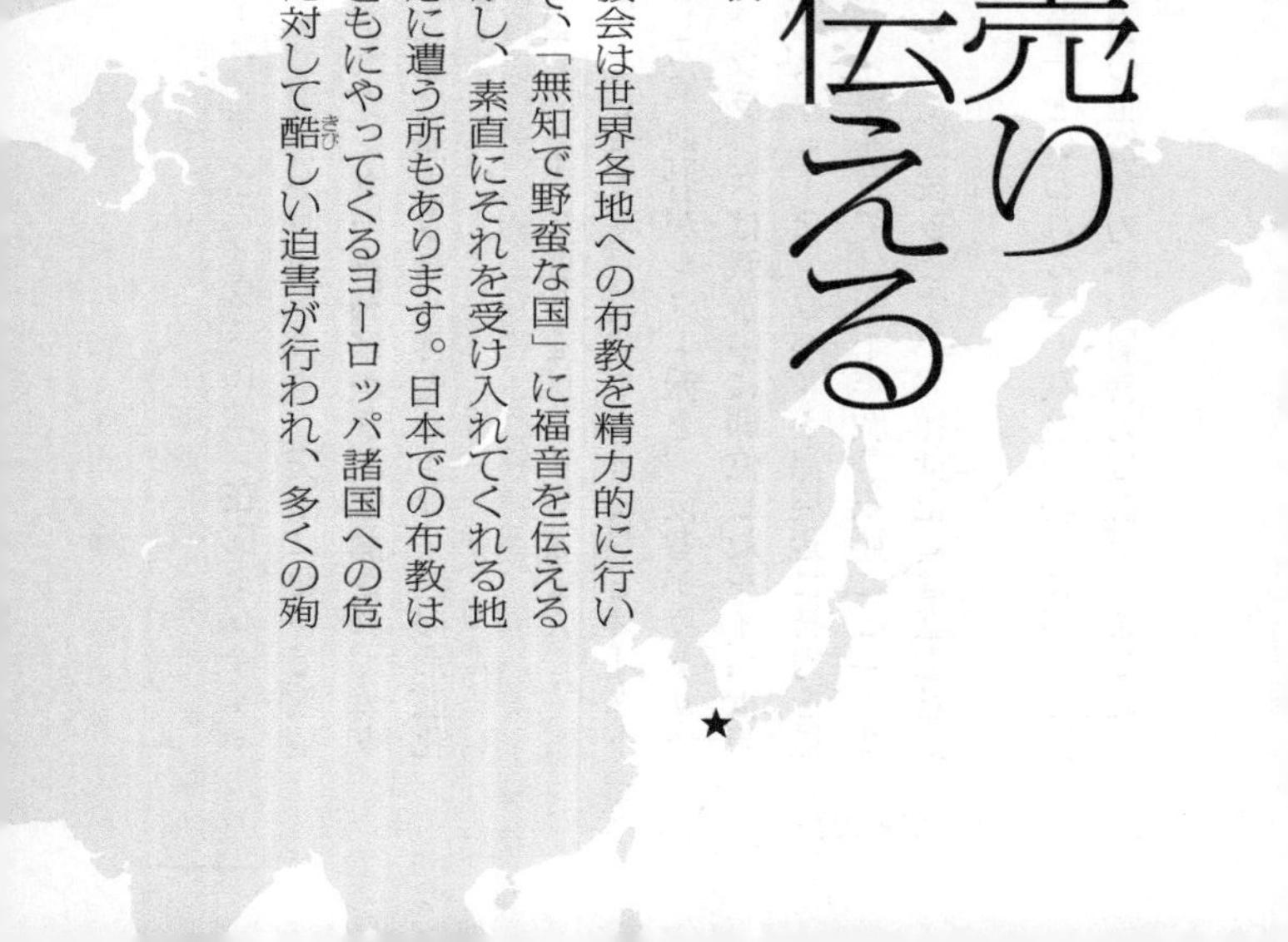

大航海時代以降、ローマ教会は世界各地への布教を精力的に行いました。宣教師たちにとって、「無知で野蛮な国」に福音を伝えるのは最高の使命でした。しかし、素直にそれを受け入れてくれる地域もあれば、激しい拒否反応に遭う所もあります。日本での布教は後者でした。キリスト教とともにやってくるヨーロッパ諸国への危機感もあり、キリスト教徒に対して酷《きび》しい迫害が行われ、多くの殉教者が出ました。

# キリスト教の日本伝来

フランシスコ・ザビエルが来日したのは1549年のことです。

宗教改革後のヨーロッパ世界は、新教と旧教が対立する状態が続き、宗教戦争が起きました。そのような中、巻き返しを図るのはカトリック教会の役割で、イエズス会はその尖兵として活躍したのです。

12世紀以来、ヨーロッパでは、「プレスター・ジョン」なる人物がアジアかアフリカか、どこかでキリスト教の国を築いたという伝説が広まっていました。

これは、ネストリウス派が東方に伝えられていったことが一因のようです。この伝説は、世界各地に進出していく宣教師にとって大きな夢になったと思われます。

スペインの援助を受けたコロンブスの新大陸到達は1492年のことです。一方でポルトガルはアフリカ西海岸を南下、1488年には喜望峰（発見当時は「嵐の岬」）に到達、それから10年後の1498年にインドのカリカット（現在のコーリコード）に到達し、インド航路を確立しました。

両国は「発見」地を分け合い、マゼランの航海でスペインが領有したフィリピンを除き、ポルトガルがアジア全域では貿易上の優越権を確保しました。イエズス会は、ポルトガルの植民地貿易とも大きな関わりを持ち、中心的な担い手になっていました。ポルトガル王のジョアン3世がザビエルを支援し、ザビエルがゴアに拠点を置いたのは1542年のことです。ポルトガル人は翌1543年に種子島に漂着しています。これは鉄砲が日本で拡大するきっかけになります。火器がヨーロッパの歴史を変えたように、日本の歴史も鉄砲によって大きく変わりました。

当時の日本は戦国時代で、戦国大名たちはヨーロッパ製の銃器に注目します。競ってこれを求めるようになり、商業活動の担い手にもなっていた宣教師を厚遇しました。ローマ教会は、「商人」としての宣教師たちの活動を支援していました。初期の日本でのキリスト教の拡大は、宣教師と戦国大名たちの利害が一致していたからといえます。

ザビエルの日本来航以降の半世紀余りは、キリスト教布教の黄金時代ともいえるかもしれません。ザビエルは周防（山口県）の大内義隆や豊後（大分県）の大友義鎮（宗麟）らの保護を受け、京都も訪れました。しかし、当時の京都は戦乱で荒廃しており、将軍や天皇に会うことはできず、日本での布教の許可は得られませんでした。

ザビエルに続いたルイス・フロイスは織田信長や豊臣秀吉とも親交を持ち、『日本史』を著しました。宣教師たちは教会（南蛮寺）、コレジオ（宣教師の養成学校）やセミナリオ（神学校）を建設し、布教に努めたため、信者の数が急速に増加しました。大名の中にも洗礼を受ける者が現れました。大友義鎮・有馬晴信・大村純忠ら九州の大名3人はイエズス会宣教師のヴァリニャーニの勧めで、1582年（天正10年）にローマ教皇に使節を派遣しました。

伊東マンショら4人の少年たち（天正遣欧使節）はローマでグレゴリウス13世に謁見し、1590年に帰国しました。しかし、帰国後の彼らを待っていた運命は過酷なものでした。

## 漂着船がキリシタン弾圧のきっかけに

ポルトガルは1557年にマカオに居住を認められ、マカオを拠点に日本に進出しました。スペインはフィリピンのマニラを拠点に日本に進出しました。戦国大名にとって、彼らのもたらす銃をはじめとした商品は魅力でした。

秀吉も信長の方針を継承しましたが、大村純忠が長崎をイエズス会に寄付していたことを知り、九州の大名がキリスト教を絆に団結することなどに危機感を募らせました。さらに、キリスト教徒が仏教寺院を破壊したり、ヨーロッパ商人との交易で、日本人が奴隷として輸出されたりしていることにも反感を持ちました。

秀吉は大名のキリスト教入信を許可制とし、1587年、宣教師（バテレン）追放令を出します。宣教師は平戸に集まり、公然とした布教活動は自粛しました。一方で、秀吉は南蛮貿易の利益に注目していたため、京都の教会を破壊することはあっても、それ以上に厳しい弾圧を行わず、宣教師たちは再び各地に移っていきました。

秀吉がキリスト教に対する禁圧を強化したのは、1596年に起きたサン・フェリペ号事件が契機です。秀吉は、土佐（高知県）の海岸に漂着したスペイン船サン・フェリペ号の積荷を没収しましたが、乗組員は救助し、船を修復、帰国させました。

しかし、この間のスペイン側との交渉で、スペインには宣教師の布教の後に領土的な野心があるという認識が出てきます。そのため、キリスト教に改めて危機感を持ったという説や、イエズス会に対してフランシスコ派やドミニクス派の策謀があったという説があり、詳しいことはわかりませんが、秀吉は疑心暗鬼を強めました。

この年、秀吉は石田三成に京都に住むキリスト教徒を捕縛して処刑するように命じます。このときに捕縛された24人が長崎に移され、道中、世話役として同行した2人のキリスト教徒も信仰を捨てずに捕縛され、翌1597年、長崎の西坂の上で処刑されました。

外出禁止令が出ていたにもかかわらず、刑場には4000人の群衆が集まったといわれています。26人の殉教者の内訳は日本人が20人、スペイン人が4人、メキシコ人とポルトガル人が各1人です。

この殉教者たちの遺骸は分割され世界各地にもたらされました。当時、殉教者をはじめとした聖遺物は、各地の信者の崇拝の対象になりました。この26人が聖人になったのは1862年、教皇ピウス9世の時代です。余談ですが、「殉教劇」はヨーロッパ各地で演じられます。日本の事件はフロイスなどによって伝えられ、日本以上に知られていました。

このようにキリスト教は禁止されましたが、日本の南蛮貿易は江戸幕府の時代にな

って も続きました。1600年、オランダ船のリーフデ号が豊後(大分県)に漂着した時、家康は乗組員のヤン・ヨーステン(耶揚子)やウィリアム・アダムス(三浦按針)を江戸に呼び、外交や貿易の顧問としました。オランダやイギリスの東インド会社はアジアへの進出を始めます。家康が上総(千葉県)に漂着したスペイン人を援助したことを機にスペインとの交易も復活しました。

1613年には伊達政宗が支倉常長をスペインに派遣し、交易を開こうとしましたが、これは失敗に終わりました。

このように、日本人の海外進出は非常に盛んで、ルソン(フィリピン)・トンキン(ベトナム北部)・アンナン(ベトナム中部)・カンボジア・タイなどには日本人町ができるほどの隆盛をみたのですが、徐々に強化されていったキリスト教の禁教政策を機に、最終的には日本人の海外渡航は禁じられるようになります。

1614年には、高山右近など300人余りの信者がルソンに追放になり、また1622年、長崎で55人の信者が処刑されるという事件(元和の大殉教)が起きています。

# 島原の乱と中央集権国家の成立

キリスト教の禁圧に直接的、かつ重大なきっかけになったのが、1637～1638年の島原の乱です。この反乱はキリスト教が直接の原因ではありません。島原半島や天草諸島の領主、松倉氏と寺沢氏の領民に対する過酷な税の取り立てが原因です。加えて飢饉のために農民の苦しみは極みに達していました。

さらにこの地域は、かつてキリシタン大名の有馬晴信や小西行長の領地であり、敬虔なキリスト教徒が多く、彼らへの抑圧の強化も背景にありました。一揆勢の中には有馬氏や小西氏の牢人が多く含まれていました。

一揆の指導者になったのが、多くの信者たちに慕われ、カリスマ的存在であった少年、天草四郎時貞でした。彼は小西行長の遺臣の益田氏の子供で、幼少から明晰な頭脳で知られたようですが、一揆が始まった時は10代半ばであり、おそらく象徴的存在として利用されたと思われます。

1637年暮れ、有馬村のキリシタンが代官所に赴き、代官を殺害したことから反乱が始まります。島原半島南部の農民たちの組織化に成功し、討伐軍とよく戦う中で、半島北部でも一揆に参加する農民が出てきました。さらに天草でも農民が呼応し一揆の規模は大きくなります。

しかし、幕府側の討伐軍の軍事力は圧倒的で、一揆軍は島原半島の原城に籠ります。その数は4万近くといわれ、藩から奪った武器弾薬・食料を運びこみますが、その量には限りがあり、籠城戦になると追い詰められていきます。このとき、一揆側にはポルトガルの支援を受けようという動きもあったようですが、実現しませんでした。一方で、幕府側はオランダの支援を得て原城を砲撃しました。このため、島原の乱を新旧教の戦いの一環と考える学者もいます。

討伐軍の圧倒的な軍事力により1638年2月に原城は陥落、反乱は鎮圧されました。日本のキリスト教徒は表向きは根絶されましたが、それでも隠れキリシタンとして信仰を守った人々がいました。

1639年、幕府はポルトガル船の来航を禁じました。そして、オランダ人を長崎の出島に移し、長崎奉行の厳しい監視下に置きます。幕府はオランダ・中国・朝鮮・琉球以外との交渉を禁じ、いわゆる「鎖国」が実現します。

18世紀になって、密告などにより隠れキリシタンが摘発される事件が起きました。19世紀半ば以降、開国によって宣教師が日本を訪れると、彼らの元に隠れキリシタンが現れます。しかし、江戸初期の禁令がなお有効であったため、彼らは迫害されました（浦上崩れ）。

明治になってもそれは続きました。訪日外国人によって世界に報道されると、日本の欧米使節団は厳しく批判されます。慌てた政府によって禁令が解かれ、キリスト教の信仰が保証されました。

島原の乱は、ヨーロッパの歴史に対応させると、ちょうど三十年戦争（1618～1648年）の後半に当たります（第19章参照）。日本の統一期に、織田信長・豊臣秀吉・徳川家康にとって宗教問題は重大関心事でした。中央集権国家の建設に向けて、東西で興味深い時間的一致が見いだせます。

当時の日本では仏教は国教ではありませんでしたが、大名の支配の下で次第に固定されていくようになります。ウェストファリア条約の「領主の宗教がその領地で行われる」の原則が、日本でも形を変えて実現したことになります。

# 第21章

# せめぎあう科学と宗教

## 暦の見直しとガリレオ裁判

★

キリスト教の重要な祭日「復活祭」の日の基準になる「春分の日」は、4世紀の公会議で3月21日と決められました。ところが16世紀になると、昼夜の時間が同じであるはずのその日が10日もずれてしまっていました。それを直すために、教会でも科学的な検討が始まります。一方で、望遠鏡を手に入れたガリレオは天体観測を行い、地動説を主張します。宗教改革・宗教戦争の時代は、近代精神とともに近代科学の黎明期でもありました。

# 太陽中心説は古くからあった

天体の運行はメソポタミアやエジプト文明でも観察の対象で、暦の制定などに利用されてきました。ギリシャ時代は、ターレスの「日食」の予言が有名ですが、天文学はヘレニズムからローマの時代に、画期的な発展をみます。前4～3世紀、アリスタルコスは太陽中心説と地球の自転や公転を説きました。前3～2世紀、エラトステネスは地球球体説に基づき、当時の観測技術では信じられないような正確さで地球の周囲の長さを計算しました。カエサルの制定したユリウス暦も、エジプトの太陽暦を発展させた非常に正確なものでした。

火星や土星などには「逆行」という不思議な現象があり、古代の学者たちは頭を悩ませました。2世紀のアレクサンドリアで活躍したプトレマイオスは、地球が中心だと考える天動説を唱えるとともに、周転円（円周上でさらに円運動を行うとする）で逆行運動を説明し、後の天文学に大きな影響を与えました。

聖書には、地球は丸いとも太陽が宇宙の中心とも書いてありません。古代の多くの人々にとって、地球は平面で、太陽や月が地球の周りを回っていると思うのが普通の感覚でした。しかし、海岸で遠くの船を見ていると、マスト部分から始まって徐々に船体が見えてくるという現象は、地球が丸いことを類推させました。また、月食も地球の丸さを考えるきっかけになったようです。

このような経験から地球が球体だと認識する人も出てきます。それでも、太陽が中心という考え方は当時の知識では受け入れがたいものでした。

## グレゴリウス暦の誕生

キリスト教がローマ帝国で広がり、国教化されたため、教会の「暦」はローマ帝国の暦であるユリウス暦がそのまま使い続けられました。これは前45年の1月1日を起点にし、4年に1回閏年を入れ、閏年の2月は1日増やすという単純なものでした。

イエスが誕生した年を基準とする考え方は、6世紀頃の学者が、ローマの建国伝説（前753年）に合わせ、ローマ建国から754年目をキリスト紀元元年としたことによります。この考え方がヨーロッパで一般化したのは15世紀頃です。

キリスト教にとって重要な復活祭（イエスが処刑3日目に「復活」したことを祝う日）は、春分の日が基準です。春分の日の後、最初の満月の後の最初の日曜日、ということで、毎年、日が異なります。

３２５年のニケーア公会議は春分の日を3月21日と定めていたのですが、問題は１年が厳密に３６５日ではなく、それより6時間「弱」長いため4年で1日分オーバーすることでした。そのため閏日を入れて調整していましたが、「弱」部分が積もり重なり、16世紀になると、実際の春分の日がユリウス暦では3月11日にまで早まってしまいました。神が創造した宇宙の秩序に、このような不完全さがあってはならず、公に認めることは簡単にはできませんでした。

これを是正するために教皇グレゴリウス13世は改暦を決定、１５８２年10月４日（木曜日）の翌日を10月15日（金曜日）としました。かつ、閏年の入れ方を4年に１回というのはそのままで、西暦紀元の年数は１００では割り切れても４００で割れない年は平年にすることにしました。

このグレゴリウス暦によって４００年間に3日の短縮ができ、３０００年に１日ほどのずれになりました。この改暦の必要性はすでに13世紀頃から問題になっており、イギリス経験論哲学の先駆者ロジャー・ベーコンもそれを指摘していました。コペルニクスも、彼の天文学に関する素養を知る人から改暦についての相談を受けていましたが、観測記録が不十分として、断りました。

新しく制定されたグレゴリウス暦には、別の問題も出てきます。イタリアやスペイン、少し遅れてフランスのようなカトリック国家ではスムーズに移行されていくのですが、当時は宗教改革への反動で、トリエント公会議が行われたばかりの頃でした。プロテスタント国家では、カトリックが決めたことへの反発心から、なかなか採用されませんでした。しかし現実的な問題が大きく、ドイツでは１７００年、イギリスでは１７５２年にグレゴリウス暦が採用されます。

ギリシャ正教会系の諸国では採用が遅れ、ロシアの場合は20世紀に持ち越します。ロシア革命の時点では、ユリウス暦とグレゴリウス暦のずれが13日になっていました。そのロシアがグレゴリウス暦を採用するのは１９１８年です。宗教の持つ権威の大きさの一端を示しています。

# コペルニクスの地動説

聖書には天動説も地動説も書かれていません。グレゴリウス暦は、ユリウス暦の不都合を克服するために出てきたものです。

一方で、天体の動きが不思議なものであることから天体観測を続け、いかにしたら惑星の不規則な動きを「自然に」「無理なく」説明できるかを考える人が出てくるのは当然のことです。

コペルニクスはポーランドの南部で生まれ、クラクフの大学で司祭に向けての勉強を始めました。天動説に懐疑的な天文学者でもあった教授の影響で天文学に興味を持ちます。

「コペルニクス的転回」という言葉がありますが、彼は太陽を中心にする「地動説」を説き、さらに惑星間の相互で働きあう力を考えました。彼の場合、星の動きを完全な円運動としたため（実際は楕円軌道）、問題も出てくるのですが、惑星の動きがプトレマイオスによる複雑な説明より明快になりました。

コペルニクスの地動説は教会から批判を受けたわけではありませんでした。むしろ、その業績を買われ出版を勧められたくらいでした。クレメンス7世の支援まで受けているのですが、コペルニクスは出版には同意しませんでした。コペルニクスに続き、ガリレオとほぼ同時代に活躍したケプラーも教会からの批判は受けていません。

そんな時、ルターの改革の舞台になったヴィッテンベルク大学の教授が彼の弟子になり、熱心に出版を勧め、両者の協力で完成した『天球の回転について』は、コペルニクスの死後、出版されました。

## 「運が悪かった」ガリレオ裁判

ガリレオ・ガリレイはコペルニクスの死から約20年ほど後の1564年の生まれです。1581年にピサ大学に入学、3年半在籍し退学しました。在学中から数学者の下でユークリッドやアルキメデスを学び、1589年にはピサ大学の講師に招かれるという秀才でした。

■17〜18世紀の近代科学思想

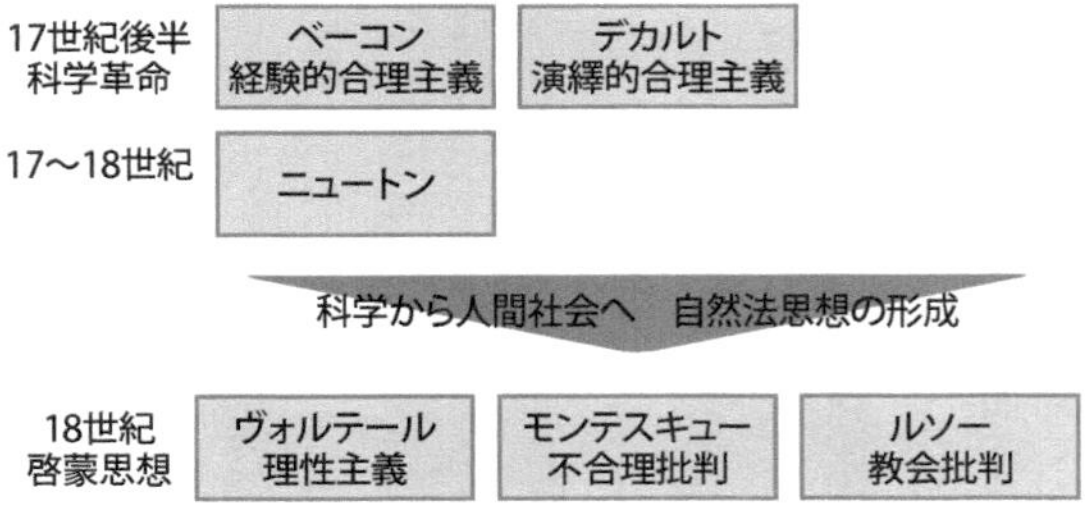


彼の基本的な姿勢は実験や観察を重視することで、13世紀の自然科学者ロジャー・ベーコンの精神を継承していました。教会の認める立場をそのまま受け入れるのではなく、実際に実験を行って確認するという、現代科学の基本を実践していたともいえます。ただし、ピサの斜塔で行ったという落体の実験は、ガリレオが有名になったゆえの創作ともいわれています。

17世紀になって、彼は天文学を研究する上での強力な武器、望遠鏡を手に入れました。1609年から望遠鏡で月面の観測を行い、完全な球面と思われていた月面に凹凸がある不思議を指摘しました。16世紀末にはケプラーへの手紙に地動説が正しいと考える旨を書いていたようですが、一般にはその見解を明らかにはしていませんでした。

そして、木星の3つの衛星の発見、金星の満ち欠けの観測、そして太陽黒点の観測などによって、天動説より地動説が正しいことを確信していきました。

ケプラーはドイツ人で、ガリレオよりやや若い、ほぼ同時代の天文学者です。生まれは不遇でしたが、優秀で、24歳のときには大学で数学と天文学を教えました。彼は、その時代の天文学者ティコ・ブラーエの膨大な観測結果を利用して、惑星の運動に関する、いわゆる「ケプラーの法則」を発見します。

彼の最大の業績は、それまで惑星は円運動をとると考えられていたのを、楕円運動であるとみなし、計算上の矛盾を修正したことにあります。そして彼の業績はニュートンに継承されていきます。

一方、ガリレオは教皇庁から異端審問にかけられ、裁判を受けることになります。ところで、コペルニクスもケプラーも教会から厳しい批判を受けていません。ガリレオだけがどうして裁判沙汰にまでなったのかは多くの人が疑問に思うところです。最近では、「科学と宗教の対立」という話は後に作られたもので、全てにおいて「運が悪かった」からと説明する学者もいます。

ガリレオ裁判が行われたのは三十年戦争（1618～1648年）後半の頃で、教皇ウルバヌス8世（在位1623～1644）が、教会を無視した戦争の展開に不満を高めていたことも一因といわれています。

このウルバヌス8世は三十年戦争中にもかかわらず、学問や芸術の保護に力を尽くしましたが、教皇庁の財産を浪費したことでローマの市民には評判の悪い教皇でした。

ガリレオとの仲も悪くはなかったのですが、『天文対話』を巡ってガリレオがウルバヌス8世を怒らせたという説もあります。教皇は、天動説や地動説を理解した上で断罪したのではなかったのは確かなようです。最終的な結論はガリレオに地動説を撤回させた上での「終身刑」だったのですが、すぐに減刑されました。

ガリレオの死後3世紀以上を経た1965年、教皇パウロ6世（在位1963～1978）がガリレオ裁判に言及したことから見直しが始まりました。

それから27年後の1992年、ヨハネ・パウロ2世（在位1978～2005）が裁判の誤りを認め、謝罪しました。ガリレオの没後350年が経っていました。

さらに後日談があり、続くベネディクト16世（在位2005～2013）は、枢機卿時代の1990年に「ガリレオ裁判は公正に行われた」と発言し、物議をかもしますが、2008年末に、ガリレオの業績を讃えるとともに、地動説を公式に認めました。

# 第22章

# 自由の国を求めて

## アメリカの建国

★

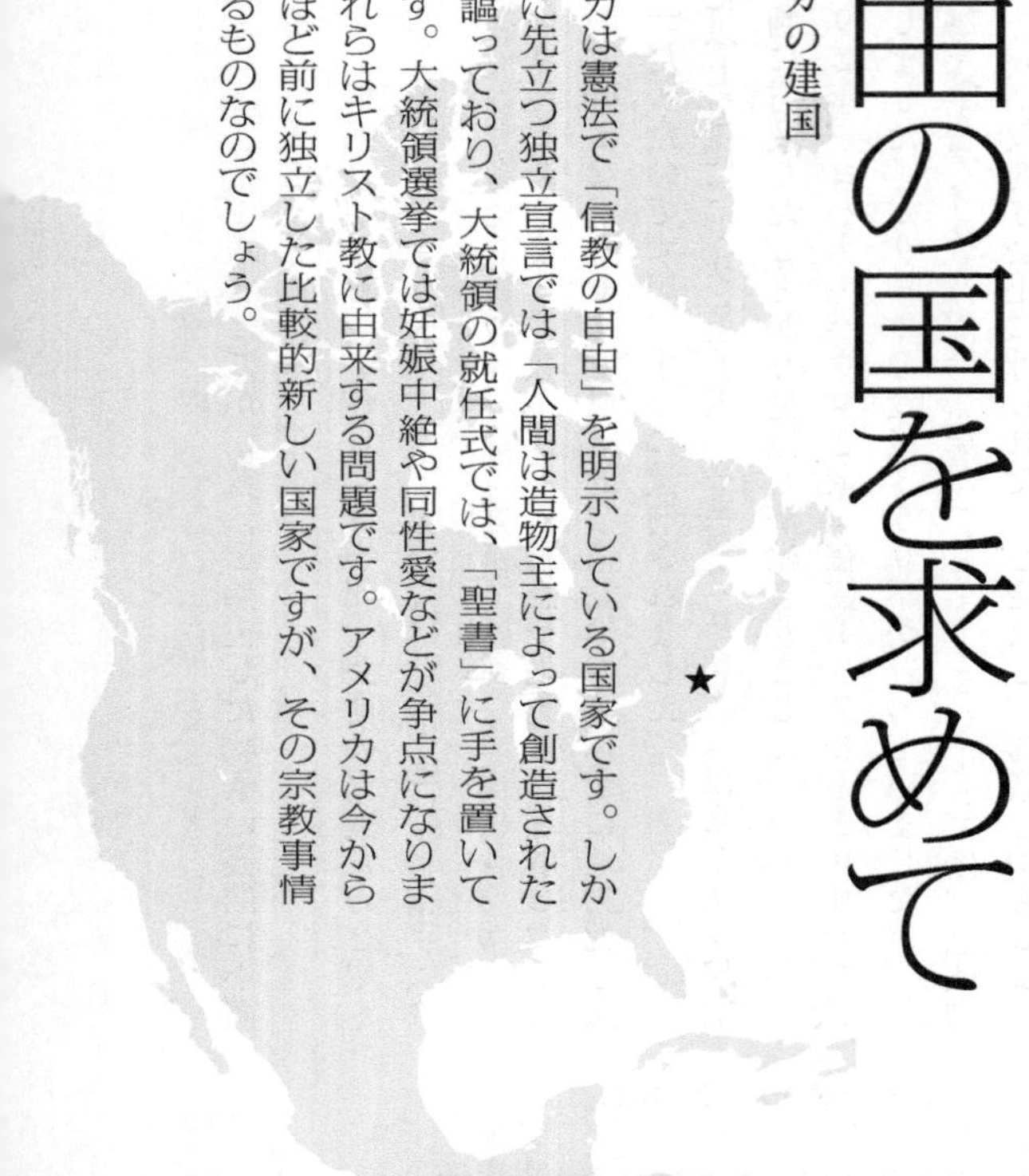

アメリカは憲法で「信教の自由」を明示している国家です。しかし、憲法に先立つ独立宣言では「人間は造物主によって創造された存在」と謳っており、大統領の就任式では、「聖書」に手を置いて宣誓します。大統領選挙では妊娠中絶や同性愛などが争点になりますが、これらはキリスト教に由来する問題です。アメリカは今から240年ほど前に独立した比較的新しい国家ですが、その宗教事情はいかなるものなのでしょう。

## ピルグリム・ファーザーズの伝説

宗教改革はヨーロッパ人の多くにとって大きな精神的試練になりました（第15章参照）。諸国はカトリック系とプロテスタント系に大きく分かれました。プロテスタントはルター派とカルヴァン派からさらに細かく分かれていき、それぞれを信仰する市民たちの間での対立が激しくなりました。

17世紀、大陸では神聖ローマ帝国（ドイツ）を舞台に、諸国が介入した三十年戦争（第19章参照）が起こり、期を同じくして、イギリスでは清教徒（ピューリタン）革命（１６４２〜１６４９年）が起きます（第17章参照）。

旧大陸で続く迫害から逃れたピューリタンは、理想の世界の建設を目指し、新大陸に渡ります。新教徒の集団の中で最も有名なのが１６２０年、メイフラワー号でアメリカに渡り、プリマス植民地を建設した一団でした。先に書いておきますが、この集団の移住は失敗に終わります。厳しい自然状況もあって、多くの仲間が亡くなります。植民地建設の後も維持が難しくなり、マサチューセッツ植民地に吸収合併されます。

さらに、この時の100人余りの人々は必ずしも篤い信仰でまとまっていたわけではなかったようです。しかし、失敗の悲劇性などを強調することで、19世紀の後半、「ピルグリム・ファーザーズ（巡礼始祖）伝説」として復活し、アメリカ人の国民意識の形成に利用されました。

イギリスの新大陸植民地は東海岸北部から始まりました。この地域をニューイングランドといいます。マサチューセッツ、コネチカット、ロードアイランド、ニューハンプシャー、バーモント、メーンの6つの州からなり、アメリカの州の中では比較的小面積です。コネチカット州の南西にニューヨーク州があります。元々この地域はオランダの植民地で、イギリスが獲得した所です。

内陸に流れる大きな河川がなかったこともあり、ニューイングランドは地域的一体性が強く、また、ピューリタンの持つ強い自立心、公共への義務感、勤勉倹約な精神、営利の才覚などの共通項が見られます。この地域では、ニューヨークなどの都市も発展します。とりわけマサチューセッツのボストンはアメリカ文化の中心となっていきます。

ボストンは、マサチューセッツ植民地の初期の指導者の一人ジョン・ウィンスロップが建設しました。彼は、イギリス国教会内部のピューリタン的性格の強い一派（低教会。ローマカトリック的伝統を重視する高教会に対比されます）の理想を実現すべく、カルヴァンの神政国家の建設を目指しました。

しかし、その厳格な態度に疑問を持ったロジャー・ウィリアムズは、ロードアイランドに新しい植民地を作ります。その地はやがてアメリカ・プロテスタントの2大潮流の1つバプテスト派（いくつかの流れがあるのですが、聖書主義、各教会の自立・自治、政教分離、全身を水に浸す浸礼による洗礼などを共通にします）の中心になります。

やはりマサチューセッツを離れたトマス・フッカーは、コネチカット植民地の基礎を作りました。ここでは植民地の運営の原点として「コネチカット基本法」が制定されます。近代の成文憲法の最初ともいわれるこの規範で、「政教分離」が謳われ、一種の共和国の建国を目指しました。

18世紀前半までに、イギリスの新大陸植民地は数を増やし、東海岸に13の植民地が並びました。宗教面から注目されるのはクエーカー教徒のウィリアム・ペンが建設したペンシルヴァニアです。ジョージ・フォックスが創始したクエーカー教は、典礼な

■独立前のアメリカ

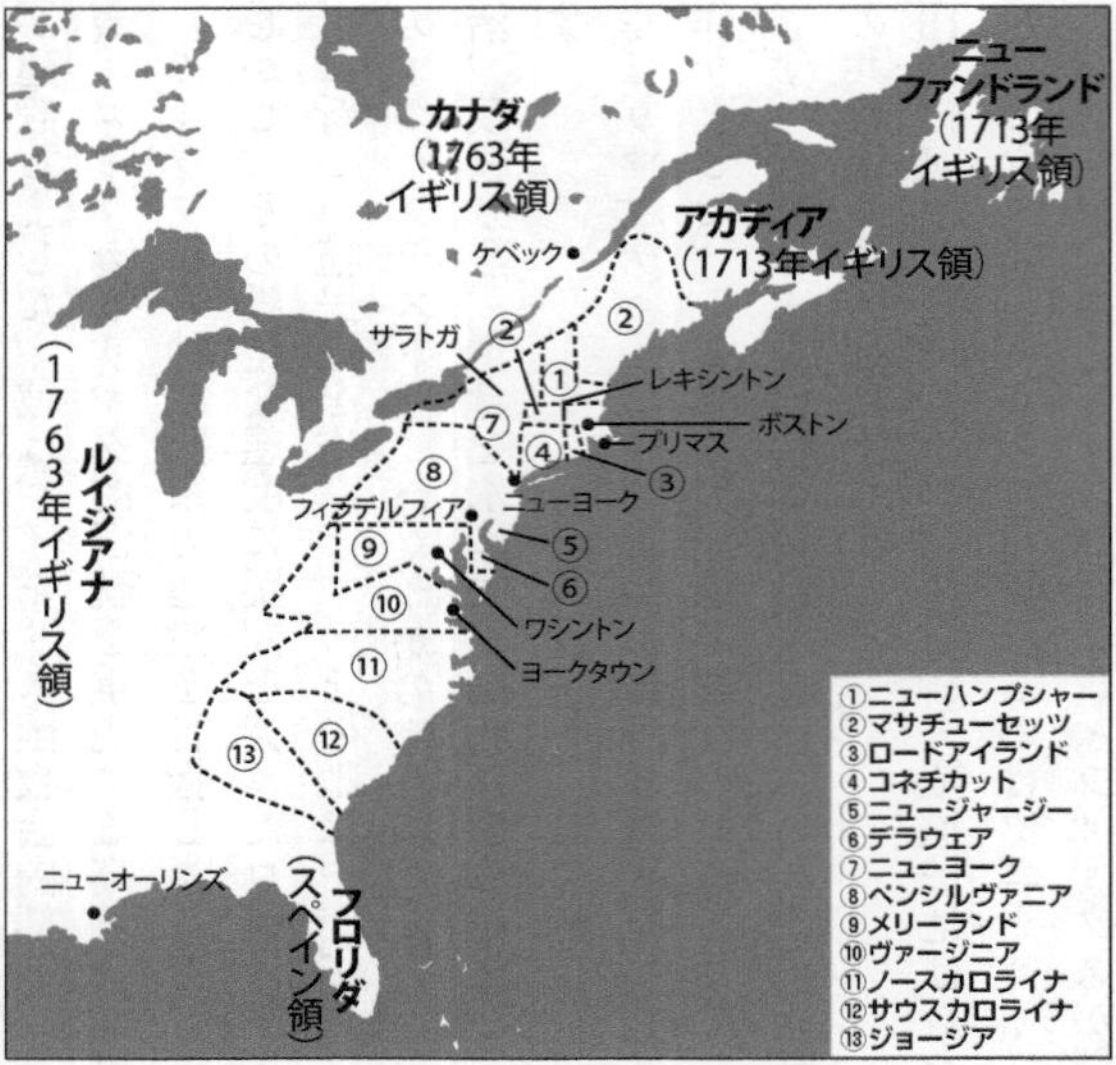


どを拒否し、魂に直接話しかける神の声の中に真理があると主張しました。

ペンシルヴァニアはスウェーデンからオランダ、イギリスと領有権が変わり、ウィリアム・ペンの父が、王政復古したチャールズ2世への貸付金の代価として払い受けた土地です。ペンは、イギリス国内で迫害され、新大陸に渡りました。

ペンシルヴァニアの中心となるフィラデルフィアは「兄弟愛」という意味で、

軍隊も警察もなく、愛によって支配されるという宗教的理想郷を目指しました。そのため、スコットランド、ウェールズ、ドイツ、フランスなど宗教的差別・迫害に苦しんでいた地域の人々が移住してきました。カトリック教徒もいましたが、ペンシルヴァニアは彼らも受け入れました。

宗教改革によって誕生した「新教」では、個人の精神活動を重要視しているため、多くの「宗派」が出てきます。その数は250ともいわれます。アメリカではこれらの宗派の活動は基本的に自由に行われました。

ペンシルヴァニアの自由に憧れたメノナイト（メンノー）派（オランダで生まれた再洗礼派の一派）は新大陸で勢力を拡大させます。その一派が、現代文明に背を向けて独自の信仰共同体を維持するアーミッシュです。

また、ドイツ人も多く移住しました。ドイツ人といえばルター派ですが、ルター派以外にも移住者がいました。ドイツでは30年戦争、オーストリア継承戦争など社会不安が続き、新大陸に安住の地を求めた人々も多かったのです。

## 合衆国独立の背景にあった信仰心とは

苦難続きだった植民地も、時間が経つうちに徐々に豊かになってきます。移住者の2世や3世の時代になると、自分自身の信仰を求める人々も現れます。西部に向けて徐々に広がっていく開拓地では、厳しい自然との戦いやネイティブ・アメリカンとの衝突が激化し、信仰による心の支えが渇望されていました。植民地で暮らす人々の信仰心が、世俗に流されることなく維持されていたことは、注目しなければならないでしょう。

18世紀の半ば、イギリス本国に続いて植民地でも宗教のリバイバル（大覚醒）運動が始まります。神学的知識が豊かで弁舌が巧みな説教者が各地を巡回すると、人々は熱狂し、宗派を超えた宗教的高揚感のようなものが高まっていきました。

植民地を巡るイギリス・フランスの戦争（植民地百年戦争）はまだ続いていました。その間、一般人の手にまかされてきた植民地経営が、本国政府に移管されるようになり、18世紀の中頃には13の植民地のうち8つがイギリス王領地になっていました。

フレンチ・インディアン戦争が終結した後、本国政府が植民地に対して課税を強化するなど締め付けを強化すると、植民地では反イギリス感情が大きくなってきます。一方で、植民地にも本国との友好的な関係の維持を図ろうとする者も多く、植民地間のわだかまりも大きくなっていました。

反イギリスの感情が高まっていった背景には、当時進行していた宗教覚醒運動による宗教的一体感の高まりがあったからだという説もあり、１７７４年にカナダ植民地に対し発布された「ケベック法」がカトリックに対する規制を緩和したことに対し、植民地の人々が危機感を募らせたのも一因とされます。

そして１７７６年には独立宣言を発表、１７８３年のパリ条約で独立が承認され、アメリカ合衆国が誕生します。

## 憲法に加えられた修正条項

独立と併せて問題になったのが、国家の基本理念の「憲法」でした。元々各州（植民地ですが）の主権意識が強かったため、それらが一体化した中央集権国家は望むべくもありません。それでも国家間関係では、各州ばらばらの権限行使はできません。

そしてできあがった憲法の本文は、国家の政治的機構を規定したものになりました。主権在民、民主主義の原則、三権分立を軸にした、世界史上画期的な文章になるのですが、そこには人間の基本的権利は示されていません。

このため、憲法発効の条件として「修正条項」が10項目加えられます。ここで「政教の分離」「信教の自由」などが明示されたため、この「修正1〜10条」は「合衆国憲法の権利の章典」と評価されています。しかし、冒頭でも示したように、独立宣言の文言と対応させて多くの問題を提起することになりました。

独立前、13植民地の宗教事情は様々でした。中にはイギリス国教会を公認宗教にしている州もあったり、税金の配分先の教派を指定できるという州もありました。各州の複雑な宗教事情それぞれに対応していき、徐々に信教の自由や政教分離を意識していき、それをまとめたものが憲法「修正1〜10条」になりました。しかし、アメリカの宗教問題はまだまだ続きます。言い換えれば、宗教問題とはそれほどまでに人間の精神活動で大きな地位を占めていたのです。

西部開拓の中で、信仰への渇望状態があったことを先に書きましたが、19世紀になっても状況は変わっていませんでした。このような期待に応えるように、第2次覚醒運動が展開されました。キャンプ・ミーティング（屋外での野営天幕集会）は、日頃孤独な人々を、一カ所に多数集めることで信仰を深め、奴隷廃止運動のような社会活動にも影響を与えていきました。

このように、アメリカのプロテスタント系宗派の活動は積極的でしたが、カトリック教会は影の薄い存在でした。両者の間に交流がなかったわけではありませんが、迫害の歴史を背景に、プロテスタントの根強い反発がありました。

19世紀中頃になるとアイルランド人の移住、さらに同世紀末になるとイタリア人の移住が盛んになり、カトリック人口が増えていきます。

20世紀のカトリック人口の増加の背景には、ロシア革命で生まれたソ連をはじめとする社会主義圏の存在が無視できません（第27章参照）。

# 第23章

# 市民の戦い　英雄の戦い

## フランス革命と政教分離

★

フランス革命は、ブルボン朝絶対主義を崩壊させ、近代市民社会を作り上げた歴史の転機になった大事件です。キリスト教会にとっては激震以上の衝撃になりました。アンシャン・レジーム体制下では「第1身分」として君臨してきた聖職者が、その特権を全て剥奪されてしまっただけでなく、キリスト教そのものが否定されてしまいました。この試練に対し、キリスト教会はどのように生き抜いていったのでしょうか。

## 合理主義精神の拡大が教会離れを生んだ

教科書に登場する代表的な啓蒙思想家といえば、モンテスキュー、ヴォルテール、ルソー、それにケネーです。彼らの前後にも関係する人々はたくさんいます。

こうした人々がヨーロッパの近代思想を生み出していくのですが、教会にとっては迷惑な存在でした。「理性」に基づく合理主義は、宗教のような精神世界、非合理な世界を否定します。フランス革命は、合理主義が非合理な世界、つまりキリスト教に対して痛烈な「NO」を突きつけました。

啓蒙思想家の代表の一人であるヴォルテールは、幼少時にイエズス会の経営する学校で学び優秀な成績を収めました。しかし、彼は詩人として生きようと決意します。詩では頭角を現し、人々の認めるところになりました。とはいえ、彼の発表する作品は政府批判が痛烈で、パリのバスティーユ牢獄に収監されたこともあります。

一方で、彼は「韻文悲劇」でも才能に恵まれ、多くの支持者を集めましたが、トラブルに巻き込まれやすく、難を避けてイギリスに渡りました。そこでロックやニュートンの思想に接し、イギリス流の自由を学びました。その成果をまとめた『哲学書簡』は意外な反響を呼び、愛国者たちから告訴される事件も起きます。

ヴォルテールは支持者も多かったのですが、反カトリック、反権力の姿勢から敵が多く、長い外国生活を強いられ、フランス革命の11年前、１７７８年に亡くなります。フランスの教会は、彼の遺体の埋葬を拒否しました。スイスとの国境にある都市に埋葬されていましたが、１７９１年、革命政府によって、パンテオン（18世紀に建てられた教会。後に偉人たちの霊廟になりました）に移されました。

ところで、この時代のカトリック教会では、トリエント公会議の後、聖職者への教育が強化され、彼らの知的水準は向上していました。しかし、重視されたのは布教技術であり、高度な神学知識の拡大ではなかったようです。

また、聖職者の生活への監督が強化されたため、聖職者の「均一化」が進みました。こうしたことも一因になり、18世紀には、聖職者離れが進み、その数が減少します。

一方で、宗教関係以外の書籍に興味を持つ一般庶民が多くなり、聖職者内部だけでなく社会全体でキリスト教会離れが進行していきました。

## 聖職者が公務員に

バスティーユ牢獄の襲撃から始まったフランス革命は、ブルボン朝絶対王政を打倒し、「人権宣言（人間と市民の権利の宣言）」にみられる「自由・平等・博愛」に基づく近代市民社会を成立させました。

しかし、新国家を建設することと、それを運営していくことは全く別の問題で、19世紀を通じてフランスの新国家像は模索され続けます。ここでは特にキリスト教に焦点を当てますが、実際のところ、教会にとっては重大な試練でした。

革命勃発の1789年、政府は財政難の解決のため、教会領を含めた教会財産を国有化し、これを担保にしたアシニア紙幣を発行しました。続いて翌1790年、財産を失った聖職者のため「聖職者市民法」が制定され、彼らは給料を貰う公務員になりました。さらに戸籍や婚姻も世俗化され、第1身分としての特権は消滅しました。

1793年には、前年の9月に始まった共和制（ルイ16世の処刑で王政が崩壊しました）にちなむ「共和暦（革命暦）」が採用され、グレゴリウス暦が廃止されます。

このような動きは、キリスト教だけでなく、既存の宗教を全て廃絶しようという運動に拡大していきます。翌年の春にかけて行われた反宗教的行動は様々で、街路に付けられていた通りの名を示す標識からは「サン（Saint・聖）」という語が除去され、多くの聖職者が聖職を放棄し、結婚を強制されたりしました。

このような急激な変革は、多くのフランス人をかえって混乱させ、各地で反対運動が始まりました。国民公会の指導者ロベスピエールは、民心の安定のため、キリスト教の神に代わる、「最高存在」を考え、そのための祭典を行いました。

1789年に発表された「人権宣言」によって理想社会のあり方が明示されました。しかし、革命の進展の中で現実と理想の間に生じた大きなギャップが認識されるようになります。バスティーユ襲撃事件は市民たちが主役でしたが、実際の革命は有産市民（ブルジョア）の知識人が指導してきました。しかし、周辺諸国との戦争や非キリスト教化の運動の中で、貧しく、革命を遠くで見ていた人々が、徴兵されたり、反キリスト教運動に参加させられたりするようになります。

皮肉なことに、このことが、人々の無学や無知を改めて明らかにすることになりました。政府は国民教育の必要性を認識しますが、予算や時間不足から思いどおりにはいきません。社会の混乱による物価上昇も深刻になっていました。

政府は1793年、最高価格法を出し、違反者は反革命罪で処罰されます。革命が求めた自由に逆行し経済を規制するこの法律は、有産者だけでなく一般庶民からも批判を浴び、国民公会もいよいよ行き詰まっていきます。

啓蒙思想の理念が導いた革命は、現実を統制できなくなりました。ジャコバン党による恐怖政治の下で、保身のために体制内で腐敗が広がっていくのも皮肉なことでした。

5年間の「革命」に対する疲弊が1794年テルミドールのクーデターになり、有産市民を中心にした政府が成立します。

## 英雄と教皇が手を結ぶ

フランスの混乱を収拾したのがナポレオン・ボナパルトでした。軍事的な才能に恵まれたナポレオンは、諸国との戦争に勝利し、フランスの危機を克服していきました。

革命政府が続けていた戦争をナポレオンが引き継ぎ、1800年、オーストリアとの戦いで勝利したことは、歴史の転換点になりました。フランス国内では革命に反対する王党派が教会勢力と結んで権力の奪還を狙っていました。政府は教会に対し、日曜の礼拝を許可するなど宥和策を示し、王党派と教会の切り離しを図っていました。

一方、ローマ教皇ピウス7世はイタリアでオーストリア軍を破ったナポレオン軍の強大さに恐怖心を持ち、ナポレオンとコンコルダート（政教協約）を結びました。これによって王党派と教会は完全に分断されました。

そのコンコルダートの主要な点は、教皇はフランス共和国を承認し、フランス政府はフランス人の多数が信仰する宗教がキリスト教であることを認めるといったものでした。教皇は教会財産の売却のみならず、フランスの為政者（当時は第1統領）に司教の任命権を認めました。その結果、司教が政府の同意のもと司祭を任命し、これらの聖職者は国家から俸給を受け取るということになります。

革命で禁止されたカトリック教会は復活しましたが、完全に国家の管理下に置かれることになりました。なお、これによってルター派やカルヴァン派、そしてユダヤ教も公認されました。

1804年、ナポレオンは国民投票で圧倒的な支持を受け皇帝に就任します。ノー

■ナポレオン時代のヨーロッパ

トルダム大聖堂での戴冠式に際し、教皇ピウス7世も招待されますが、ナポレオンは、ヨーロッパの慣例であった教皇からの戴冠を拒否し、自ら冠を戴きました。教皇は式典を盛り上げるためにナポレオンに利用されただけでした。

　皇帝になったナポレオンは、翌1805年から再び戦争を始めました。イギリスと戦ったトラファルガー海戦には敗れますが、年末のアウステルリッツ3帝会戦でオーストリア・ロシアに勝利しました。

1809年には教皇領を併合し、全イタリアを支配下に置きました。堪忍袋の緒が切れたピウス7世はナポレオンを破門し、これに対する報復でナポレオンは教皇をジェノヴァ近くに幽閉します。

屈辱的な扱いを受けたピウス7世ですが、ナポレオン失脚後は英雄として讃えられ、ウィーン会議では教皇領の復活をはじめ教皇の権力を回復させました。

## 教会への反発と政教分離

ブルボン復古王朝でカトリックは国教として復活しました。そのためフランスは、教皇側を支援してイタリア政局に干渉しました。一方、国内では反カトリック（教権）派の動きも急になってきます。また、産業革命の進行は労働者の貧困という問題を生み出し、社会主義思想も形成されます。

こうした動きに教会は批判的で、抑圧する側に立ちました。このような教会に対する不満は大きくなります。

フランスが普仏戦争（１８７０～１８７１年）に敗北、第3共和制が成立すると、事態は逆転します。カトリック教会、特にカトリック系学校の受難が始まります。ユダヤ系の軍人ドレフュスがスパイ容疑の冤罪で逮捕されたドレフュス事件では、教会の反ユダヤ的行動が批判されます。教皇レオ13世（在位１８７８～１９０３）とピウス10世（在位１９０３～１９１４）は真摯な人物であったがゆえにフランス政府との対立を深め、１９０４年、両者は関係を断ちます。

フランスが政教分離法を制定するのは翌１９０５年のことで、ナポレオン以降のコンコルダートは破棄され、フランスでは信教の自由が法的にも実現しました。このような政教分離の原則を近年では「ライシテ」といっています。

最後に、教皇庁とフランスの和解に関して、興味深い事柄を紹介しておきます。第1次大戦中から戦後、教皇ベネディクト15世（在位１９１４～１９２２）は、戦争の残虐性を批判し、世界平和のために努力したのですが、フランスはいち早く１９２１年に関係を修復しました。これは前年、フランスの国民的英雄ジャンヌ・ダルクを列聖したことと関係があると思われます。フランスを救った少女が現代の教皇庁を動かしたのです。

# 第24章

# 教皇領が消えるとき

## イタリア統一とヴァチカンの囚人

ナポレオン戦争後のヨーロッパでは、大国中心の国際秩序が形成されました。信仰心よりも国民主権の動きが高まり、ローマ教皇の存在感の低下が進みました。しかし、人々は素朴な信仰心を持っていますし、興亡を繰り返す国家とは異なり、キリスト教会は長い歴史そのものが、圧倒的な力となっています。とはいうものの、19世紀のイタリアにあって、教皇はこれまでの歴史にはない試練に直面するようになりました。

## 屈辱を晴らす教皇

ナポレオンによって幽閉され、大きな屈辱を味わわされた教皇ピウス7世（在位1800～1823）は、ナポレオンの失脚とともにローマに復帰しました。ローマ市民は苦難に耐え、危機を乗り切った教皇を讃えました。彼を支えた枢機卿のコンサルヴィは1814年のウィーン会議に出席、教皇領を回復し、異端審問所を復活させただけでなく、イエズス会も再建するなど、ナポレオンによる屈辱を次々に晴らしました。

ピウス7世の次の教皇はレオ12世（在位1823～1829）でした。温厚な人物でしたが、ユーモアのセンスがなく、温かみに欠けたといわれます。そうした性格のためか、ウィーン反動体制下、保守的な政策を続け、革命がもたらした自由主義的傾向に強く反対しました。特に、フリーメイソンを迫害したのは有名です。

フリーメイソンは中世の「石工」の組合が起源とされ、18世紀頃から、博愛と相互扶助を実践する団体として活動します。教会はフリーメイソンの宗教的普遍性などを嫌い、しばしば弾圧してきました。

レオ12世に続くピウス8世（在位1829～1830）も同様に自由主義を嫌い、人々の宗教への無関心の原因はそれにあると信じて疑わない人物でした。即位の年、イギリスでカトリック教徒解放法（第17章参照）が成立すると大いに喜びましたが、1830年、フランスの7月革命で保守的なシャルル10世が退位させられ、自由主義的なルイ・フィリップが即位するという、受け入れがたい事態を前に、無力でした。

グレゴリウス16世（在位1831～1846）は修道士出身で、先の3人以上に保守的で厳格な人物です。自由主義的な学問や政治、社会主義など、新しい傾向に反対する立場を貫きました。そのため、教皇領内でも彼への不満が大きくなるのですが、特に、教皇領内への鉄道敷設に反対したことは評判を落としました。民主主義についても有害な思想とみなし、それに反対する教皇領内の暴動をオーストリア軍の支援を得て鎮圧しました。

一方で、カトリック教会の布教が沈滞していた現状を憂え、独立を果たしたラテン・アメリカ諸国やアメリカへの布教を精力的に行う体制を強化しました。

## 統一で得るもの失うもの

フランス革命からナポレオン戦争を通じて、ヨーロッパには国民主義の傾向が拡大していましたが、中世以来の分裂国家であったイタリアでも「統一」を求める声が高まっていきます。

当時のイタリア半島には、北部にはトリノを都にサルデーニャ王国、南部にはスペインの影響力が強い両シチリア王国（旧ナポリ王国とシチリア島からなる）、中央部には教皇領がありました。

加えて、教皇領の北西にはフィレンツェを中心にしたトスカナ大公国やモデナ・パルマの公国、サルデーニャ王国の西方にはサヴォワやニースがありました。半島の東の付け根にはヴェネツィア（ヴェネト州）があり、当時、そのあたりはオーストリアの領土でした。グレゴリウス16世はこの地域にあるベッルーノの出身であり、オーストリア帝国の宰相メッテルニヒはグレゴリウス16世の誕生に際して「オーストリアの臣民がローマ教皇に選出されたことを喜ぶ」と発言したといわれています。オーストリアには北イタリアを簡単には手放せない歴史的な経緯がありました。

グレゴリウス16世に続くピウス9世（在位1846〜1878）は在位年数が最長の教皇です。

ピウス9世が即位した当初、その自由主義的な姿勢からイタリア国民の間では期待があふれていました。教皇は教皇領内の鉄道敷設を認め、教皇庁内の人事ではゼランティと呼ばれる、改革に対する非妥協派を退け、その開明ぶりをアピールしました。

しかし、即位2年後の1848年、態度が急変しました。この年、フランスで2月革命が起こり、それがプロイセン王国（ドイツ）にも波及してベルリンやウィーンでの3月革命に至りました。

イタリアでも1848年、各地で自由主義を叫ぶ運動が起こりました。ローマもその例外ではなく、教皇は「憲法」の制定を認めました。

しかし、その内容は高位聖職者の特権を認め、外交権のような教皇の絶対権力が明記され、自由主義・民主主義とはかけ離れたものでした。

一方、この年、サルデーニャ王国はオーストリアに宣戦、北イタリアの領土の回復を図りました。イタリア半島北部に位置するサルデーニャは、オーストリアに比べる

■イタリアの統一

と小国でしたが、イタリア統一運動（リソルジメント）のイニシアチブをとっていました。イタリア全域での決起が期待され、中でも教皇はその焦点でした。

教皇にとって「統一」は大きなジレンマでした。統一が実現すれば教皇領を失うことになるだけでなく、オーストリアが領有しているヴェネツィア（ヴェネト州）を巡って、最大のカトリック国であるオーストリアと戦うことになります。これは避けたいことでしたが、ヴェネツィアを除いたイタリア統一はあり得ません。

イタリア国民は教皇がサルデーニャの動きに同調することを期待したのですが、教皇はオーストリアに宣戦できず、交渉による北イタリアの回復を図ろうとしました。ところが、サルデーニャ軍がオーストリア軍に敗北し、国民の教皇への不満が爆発、教皇はローマを脱出しました。

一方、カリスマ的革命家のマッツィーニが亡命先のイギリスから帰国、1849年には「ローマ共和国」を宣言しました。

さらに事態は変化します。フランスで実権を握ったナポレオン3世がイタリアに軍隊を送り、そのまま駐留させるとともに、教皇をローマに復帰させました。ローマ共和国は1年持たずに崩壊しました。

教皇ピウス9世はローマに復帰しましたが、彼の逃亡を罵倒したローマ市民が歓喜で迎えるという奇妙な現象が起こりました。教皇側によって多額のお金が市民にばらまかれたからといわれています。ピウス9世は自由主義を反省し、いかなる改革にも反対する保守主義者の立場を貫き、サルデーニャを中心に展開し始めたイタリア統一戦争にも反対します。

そのサルデーニャ王国では、教会が独占していた教育や結婚などを、国家の管理下に置こうという動きが進み、1850年には法律で規定されました。イタリアでも政教分離は現実に進行していました。

## イタリア統一戦争と教皇領の消滅

イタリア統一の主導権は1848年以降、教皇からサルデーニャ王国に移っていきました。サルデーニャの宰相カヴールは、サルデーニャが単独でオーストリアと戦うのは不可能と考え、フランスの支援を得るため、当時行われていたクリミア戦争に参戦しました。

カヴールは戦後のパリ講和会議でイタリアの状況を訴え、1858年、ナポレオン3世とプロンビエールの密約を締結し、対オーストリア戦争支援の約束を取り付けました。

翌1859年、フランスとサルデーニャはオーストリアと開戦し、勝利を収めます。しかしナポレオン3世が背信し、オーストリアと一方的に休戦したため、この段階でイタリアはミラノを中心とするロンバルディアを回復しただけで終わります。

翌年、カヴールはナポレオン3世と交渉し、サヴォワとニースをフランスに割譲する代償に中央部イタリア（教皇領）の併合を承認させました。ローマ教皇は当然反対しますが、教皇に残されたのはローマだけになりました。

続いて、政治結社「青年イタリア」の闘士ガリバルディがナポリやシチリアなどスペインの影響下にあった南部イタリアを制圧しました。北上しローマに向かうのですが、彼は「共和制」イタリアを目指していました。カヴールは謀ってガリバルディをサルデーニャ王ヴィットリオ・エマヌエレ2世と会見させ、南イタリアをサルデーニャ王に献上させました。ガリバルディはこの段階でサルデーニャ王と妥協しなければ、イタリアは内乱状態になることがわかっていたのでしょう。

依然としてオーストリア支配下にあるヴェネツィアとローマを除いて、1861年、トリノを都に近代イタリア王国が成立しました。ヴェネツィアは1866年の普墺戦争に乗じてイタリア王国に編入され、ローマは1870年の普仏戦争に際し、フランス軍が撤退したのに乗じて併合されます。イタリア王国はローマに遷都しますが、ローマ教皇の抗議は認められず、彼はヴァチカンに立て籠ります。

イタリア統一の結果、教皇が政治力を行使できる場は、ヴァチカン宮殿だけになりました。キリスト教の霊的権威のみを行使する存在として、近代世界における教会のあり方を否応なく認めざるを得なくなります。しかし、なお素朴な世論にも支えられ、ダーウィンが発表した「進化論」には反対の立場を貫きました。

前後しますが、この間、教皇ピウス9世は、最後のあがきともいえるような政策をとりました。1864年、教会の正統性を堅持するため、自由主義を徹底的に排撃した「誤謬表」を発表します。社会主義や共産主義はいうまでもなく、自然主義、合理主義、宗教的寛容主義などの近代的な思想や文化は全て誤りであるとしました。

そして、1869年に第1ヴァチカン公会議を開催します。ここで「教皇の不可謬性」を発表し、教皇権力の復活を図ろうとしたのですが、翌1870年に始まった普仏戦争の結果、ローマを守っていたフランス軍が撤退するとともに、公会議は無期延期という措置がとられました。彼はイタリア王国の妥協策を一切受け付けず「ヴァチカンの囚人」となり、併せて教皇の世俗的な権力は全て失いました。

第25章

# 近代によみがえる叙任権闘争

## ドイツ統一と文化闘争

★

ドイツの政党に「キリスト教民主同盟（CDU）」と「キリスト教社会同盟（CSU）」があります。政教分離が当たり前の時代を生きている人間としては、宗教名を冠した政党名を初めて見た時には、奇異な感じもします。ドイツはルターを生んだ国であり、旧教と新教の違いがこのような政党を生んだともいえます。分裂国家であったドイツの歴史がこうした形で現在まで続いていることは、歴史の面白さです。

# 神聖ローマ帝国の解体とドイツの統一

神聖ローマ帝国という名称こそありましたが、19世紀後半までのドイツは分裂国家でした。現在も連邦制度を採用していて、歴史の名残を感じられます。分裂国家だったドイツには、統一の中心となった「領邦」があります。

1つはハプスブルク家が君臨するオーストリアです。長く神聖ローマ帝国の皇帝を出してきました。オーストリアの名称は、マジャール人（ハンガリー人の祖先）など東方の遊牧民に対抗するための「オストマルク＝東辺境領」が元です。ハプスブルク家がオーストリアの支配者になるのは13〜14世紀以降のことです。

もう1つはプロイセンです。その始まりは、3大宗教騎士団の1つ、ドイツ騎士団です。ドイツ騎士団は、十字軍での活躍以上に、東ヨーロッパへの東方植民、カトリックの拡大で活躍しました。彼らはバルト海奥の征服地に住んでいたプロイセン人の名にちなんで「プロイセン」を名乗るようになりました。やがて1618年には有力諸侯ブランデンブルクと合体し、ホーエンツォレルン家が支配します。

プロイセンは元々が騎士団国家で、修道士になった独身男性がやってきていたわけですから、私有財産はありません。そのプロイセンが16世紀の初め、新教（ルター派）を採用するとともに、ローマ教皇の支配から独立、世俗化します。ここでの世俗化というのは、それまでの修道士が、普通の騎士（さらには諸侯）として自分の力を大きく発揮できるようになったことを意味します。そのためには、しがらみの残るカトリックよりルター派の方が便利でした。

三十年戦争でプロイセンは領土を拡大します。18世紀、大王といわれるフリードリッヒ2世の時代に、マリア・テレジアのオーストリアと戦い、このときも領土を広げます。さらに、彼は啓蒙専制君主として産業の振興などにも力を注ぎ、西方で迫害されたユグノー（フランスのカルヴァン派）を積極的に呼び入れて、国力の拡大にも尽くしました。宗教戦争は、確かに新旧の戦いでしたが、それ以上に、世俗権力が絶対君主化していくための戦争でした。

それでも、ナポレオン戦争でプロイセンは惨敗し、その反省から改めて近代化を行い、ウィーン会議では、プロイセンは5大国の1つとして大きな発言力を持つに至ります。なお、ナポレオン戦争中に神聖ローマ帝国が滅亡し、戦後、35領邦と4自由市

■ドイツの統一

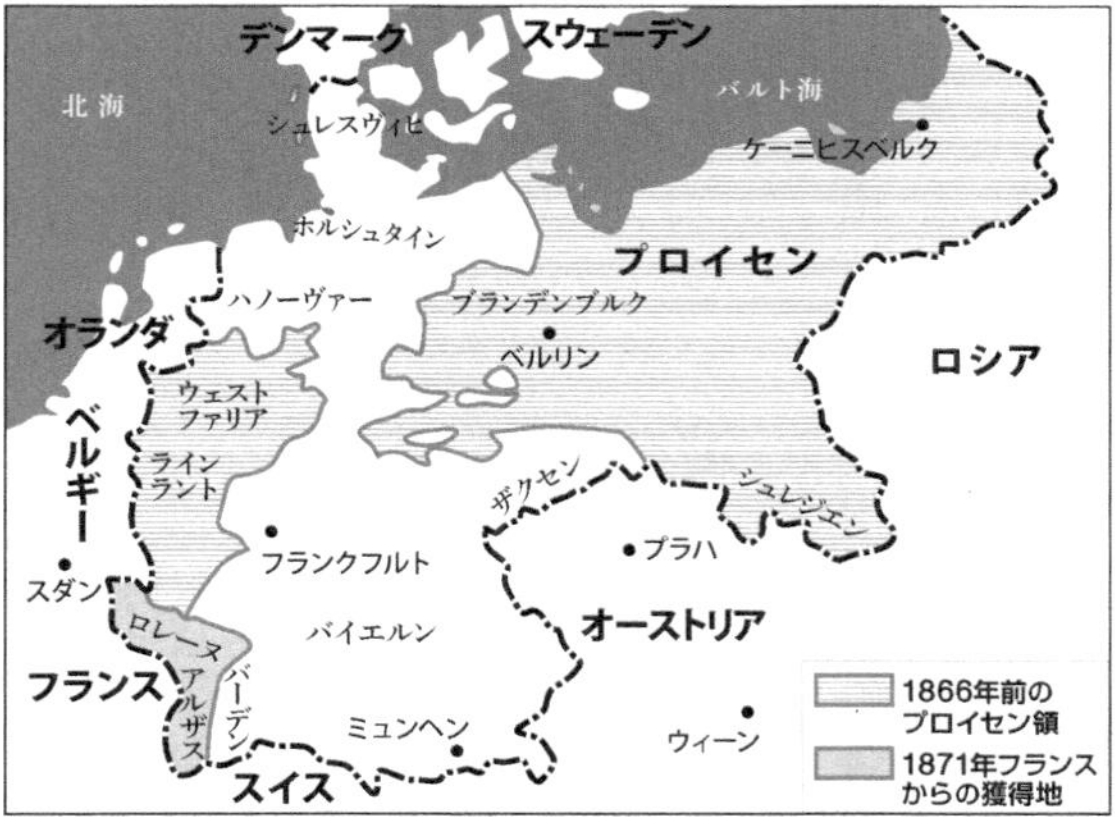


からなるドイツ連邦が成立しました。

ナポレオン戦争の敗北で、ドイツにも国民主義が勃興してきます。特に1848年の混乱は、後にプロイセン宰相となるビスマルクにも国家統一が不可避であることを認識させました。

ドイツでも産業革命の進行とともに経済的統一は徐々に進められていたのですが、政治的統一に向けて、支配下に多くの民族を抱えるもう一方の雄、オーストリアとのいざこざだけでなく、域内の宗教問題、とりわけカトリックが強くプロイセンを嫌うバイエルンなどとの関係が問題になります。

ビスマルクは小ドイツ主義（オース

トリアを排除し、プロイセン中心にドイツ民族の国家を建設する）と鉄血政策（戦争を辞さず）という確固たる方針を持っていました。その実現のため、フランスを最大限に利用することを考えます。まず、普墺戦争でオーストリアを排除し、続いてカトリック領邦を新生ドイツに編入するため、国民主義を利用し、フランスとの緊張関係を作り上げました。その結果、普仏戦争でも勝利し、国民意識が盛り上がる中の1871年、敵国フランスのヴェルサイユ宮殿で「近代ドイツ帝国」の成立が宣言されました。

## ビスマルクが教会に挑んだ文化闘争

ドイツ帝国は22の君主国と3自由市からなる連邦体制で、帝国議会（男子普通選挙）と連邦参議院（君主国・自由市の代表で構成）の2院制議会が採用されました。統一後、バイエルンを中心とした、南ドイツに多いカトリック勢力との関係が問題になりました。統一の興奮に酔っていたカトリック教徒は、落ち着いたところでプロイセン中心の新国家に脅威を覚えました。利害を守るために中央党を組織し、第1回選挙で第2党になりました。このような宗教政党は19世紀半ばのドイツでも生まれていたのですが、宗教問題は教皇や司祭が担うものとする教皇庁はそれに批判的でした。

1870年代になると、議会政治・政党政治はどこの国でも動かしがたい制度になります。そして、中央党が教皇庁の重要な支援者になることはすぐに証明されます。

反カトリック政策を続けるビスマルクにとって、第1ヴァチカン公会議(第24章参照)は追い風になり、そこでの決定を巡りカトリック勢力が二分されたのを利用して、聖職者の政治への干渉を禁止する法律を制定しました。さらに、新教系勢力の思惑も利用して、ドイツでのイエズス会の活動を全て禁止する法律を制定しました。

ピウス9世は、ドイツの司祭に対して、迫害への抵抗を呼び掛け、ドイツ帝国憲法の条項違反として抗議しますが、ビスマルクは憲法の条文を変更してこれに対応しました。このような一連のカトリック教会との戦いが文化闘争といわれるものです。

1873年に制定された「5月法」は、ドイツ国内で聖職者になるための条件を事細かに決めた他、ドイツの聖職者に対する教皇の懲罰権を拒否するなど、ローマ教皇にとっては認められないものばかりでした。併せてビスマルクは中央党にも厳しい対応をしますが、これは中世の叙任権闘争の再現ともいえます。このとき、プロテスタントの立場は微妙だったのですが、彼らは政府側に立ちます。

さらに、5月法を犯した聖職者は全ての財産が没収されるという法律まで制定されました。ビスマルクの教会攻撃はやまず、教会への国家の財政支援の打ち切り、小学校での宗教教育を国家管理下に置いただけでなく、修道会を国外追放するという措置までとりました。修道士はアメリカなど他国に亡命を余儀なくされました。

ところが、ビスマルクの露骨な政策はかえってキリスト教徒を団結させました。実際、中央党の議席数は増加したのです。一方、この文化闘争の余波でドイツ社会民主党(SPD。中道右派の社会主義政党)が勢力を伸ばします。ビスマルクにとってはこちらの方が脅威になってきたのです。

1878年、ビスマルクは「社会主義者鎮圧法」を制定して社会民主党の弾圧を図りました。社会主義者もその国際性から「祖国なき輩」という批判を受けますが、ビスマルクの政策が党員の結束を強化するという皮肉な結果になりました。

同じ1878年、新教皇レオ13世(在位1878~1903)の誕生を機にビスマルクと教会の関係改善への動きが始まりました。教皇は皇帝ヴィルヘルム1世に関係改善を呼び掛けました。そんな折、政府と中央党が徐々に接近し始め、5月法の内容の改善などが進み、中央党が1879年にビスマルクの新経済政策を承認したことから、関係は急展開、5月法は廃止され、文化闘争はビスマルクの敗北に終わりました。

## 世界大戦後のキリスト教の精神

中央党は第1次世界大戦に協力し、戦後のワイマール共和国でも、その中道的政治姿勢により左派とも右派とも連立が可能でした。いわゆるワイマール連合（社会民主党・中央党・民主党）の中核になり、多くの首相を出し、政権政党として活動しました。しかしながら、党内には共和国を支持する一派と、共和国は将来への過程にすぎないと考える人々がいました。

さらに1920年には、バイエルン支部の保守的な人々がバイエルン人民党を組織しました。この党が戦後、キリスト教社会同盟（CSU）になります。

ヒトラーの率いるナチス（国家社会主義ドイツ労働者党）に対し、中央党は彼らの反教会的傾向から批判的だったのですが、反ボリシェヴィキ（反共産主義派）という立場では両者の利害は一致しました。

ナチスとの連立は実現しませんでしたが、1933年、ヒトラーの「全権委任法（授権法）」に対して、反対しても無駄という状況判断から賛成しました。続いて中央党そのものが解散します。ヒトラーと教皇ピウス11世が結んだコンコルダート（政教協約）の条項に、聖職者の政治活動を禁止するというものがありました。ヒトラーの時代、中央党党員の政治的活動は封じ込められましたが、反ナチス運動に参加する党員も少なくありませんでした。

第2次世界大戦後、キリスト教民主同盟（CDU）が成立します。かつての中央党と無関係とはいえませんが、カトリックもプロテスタントも区別せず、非キリスト教徒にも門戸は開放されています。「キリスト教」という言葉を使ったのは「キリスト教の精神」を示すためのもので、宗教を強制してはいません。自由主義的な議会主義、資本主義的な市場経済を基本路線にしています。

ここでいうキリスト教の精神とは、貧困・格差・差別といった近年の人間社会の問題に対して、隣人愛の精神で、具体的（食料の配布や病院や学校教育など）に実践していこうというものです。

西ドイツのキリスト教民主同盟は、まさしくドイツ復興の立役者（１９６０年代の奇跡的な経済成長であるエアハルトの奇跡など）です。しかし、単独過半数は実現できず、連立が不可避でした。

１９６０年代後半のドイツ社会民主党（ＳＰＤ）との「大連立」はキリスト教民主同盟の指導力を弱め、１９６９年、代わって指導力を持った社会民主党と自由民主党（ＦＰＤ）の連立内閣が成立します。社会民主党のブラントが行った東方外交（東ドイツを国家として承認、ポーランド・ドイツ間の国境も承認した）は冷戦の緊張を緩和し、将来の東西ドイツ統一への布石になりました。なお、１９９０年、ドイツ統一を果たした時の首相コールはキリスト教民主同盟の党員です。

現代のドイツのみならず、欧州連合（ＥＵ）で存在感の大きいメルケル首相は、東ドイツ出身のキリスト教民主同盟の党員であり、ドイツにおけるキリスト教精神の根の深さを感じることができます。

# 第26章

# 世界大戦と教皇の苦悩

## 20世紀の教皇庁

カトリック教会にとって、19世紀に続き20世紀も試練の時代になりました。2度の世界大戦に対して、教会は有効な手を打つことができませんでした。また、各国で労働運動が盛り上がり、普通選挙を要求する声も高まりました。その過程で無神論の社会主義・共産主義思想が広まっていきますが、このような時代の流れに対しても、ローマ教皇は難しい対応を迫られました。

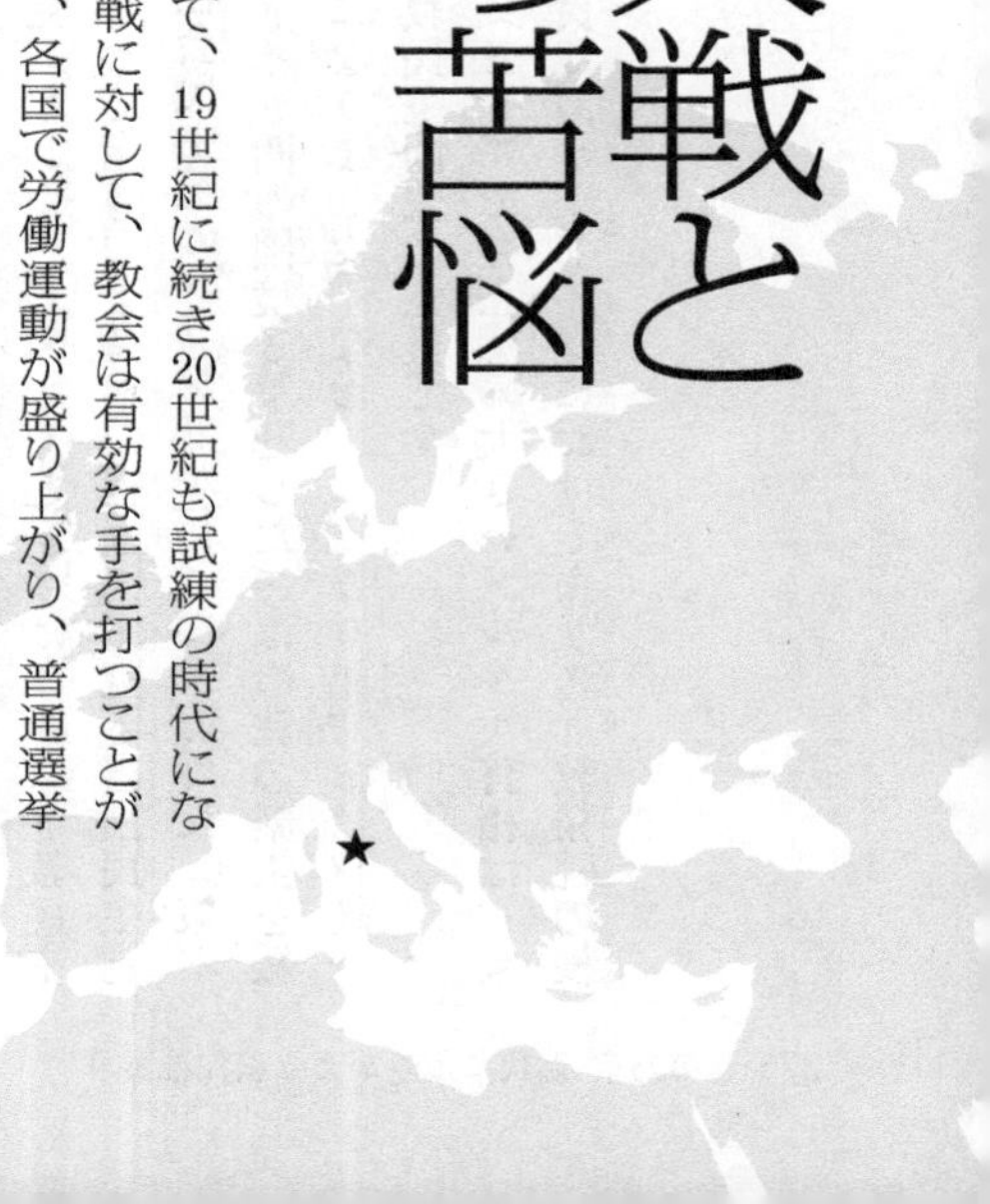

# 労働者の教皇レオ13世

20世紀最初の教皇になるレオ13世（在位1878〜1903）は、病弱であった上に就任時は68歳で、「中継ぎ」と思われていましたが、25年もの長期在位となりました。基本的な姿勢はピウス9世と同じで、民主主義の問題点を指摘しながら、キリスト者の果たすべき役割を論じました。

また、社会主義や共産主義、フリーメイソンを批判する一方で、労働組合の結成は労働者の権利として認めました。そのため、彼には「労働者の教皇」というあだ名が付きました。

外交面ではヨーロッパ諸国との関係改善に努めました。ビスマルクが「文化闘争」で行き詰まったことで、反カトリックの傾向は緩和されました。しかし教皇はイギリスやフランスとの交渉に失敗、イタリア政府との交渉は拒絶しました。

20世紀のキリスト教世界では「政治」に積極的に参加しようという勢力が強まります。それは「キリスト教民主主義」に基づく政党として現れます。これらの政党は概して、複数政党制や資本主義を是認し、中道右派に属します。

そして、よく似た言葉ですが「キリスト教社会主義」の勢力も登場します。ラテン・アメリカでの「解放の神学」はこれに当たります。聖職者も積極的に社会に関わりを持とうという立場で、必然的にマルクス主義的傾向が強くなります。カトリック教会ではこれを危険視し、批判的な立場をとりました。

レオ13世はラテン語に堪能で、学者でもあり詩人でもありました。ここでも近代科学とキリスト教との関わりが問題になります。彼は真の科学と真の宗教は衝突しないという考えを広めるために、トマス・アクィナスの論考の研究を進めました。

プロテスタントとの関係についても、彼らを「われわれの別れた兄弟」と呼び、結びつきの強化を願いました。しかし、カトリック教会への服従を期待していたため、両者の関係の改善は望めませんでした。

また、ヨーロッパで反教会の風潮が強まる中、日本やインド、アフリカの布教に力を注ぎ、アメリカでも多くの教区が設立されました。

世界は帝国主義の時代となり、列強の対立が激化していました。列強同士の戦争には至りませんでしたが、強い危機感を持っていたのが新教皇ピウス10世（在位

1903～1914）でした。

ピウス10世を選んだコンクラーヴェには、オーストリア皇帝フランツ・ヨーゼフ1世が干渉したことが知られています。ピウス10世の選出後、彼がまず行ったのは、教皇選出に対し世俗の介入を禁止する勅令を出したことでした。

ピウス10世は現代の哲学や科学には批判的な保守主義者でしたが、戦争の危機に警鐘を鳴らし続けました。しかし、努力は実らず、第1次世界大戦を防ぐことはできませんでした。

## 世界大戦の終結と「ヴァチカンの囚人」解放

第1次世界大戦勃発の年に教皇となったベネディクト15世（在位1914～1922）は、外交官としての経験が大いに期待されました。しかし、現実の国際関係においては教皇の出る幕はありませんでした。

カトリックの国同士が戦うことは、教皇の常識としては考えられませんでしたが、現実を受け入れざるを得ず、教皇として中立を保ちながら、難民の救済や、平和に向けての努力を惜しみませんでした。

しかし、ドイツでは「フランスの教皇」、フランスでは「ドイツの教皇」として批判的にみられ、敬意は払われませんでした。それでもその誠実さからイギリスとフランスの関係には改善の道が開かれました。

戦争が膠着化する中、1917年は歴史の転換点になりました。ロシアで社会主義革命が起こり、ヨーロッパ戦線にアメリカが参戦します。翌1918年にはドイツでも革命が起こり、ヴィルヘルム2世は亡命、戦争は終結します。

中立を守った教皇は講和会議に招かれませんでした。戦争中にアピールした平和のための呼び掛けが、アメリカのウィルソン大統領が発した14カ条の一部に採用されただけでした。

戦間期の教皇ピウス11世（在位1922〜1939）の最大の業績は、「ヴァチカンの囚人」から自らを解放したことでした。即位の年に成立したムッソリーニ政権と交渉を続け、1929年、ラテラノ条約を締結します。教皇はイタリア王国を、イタリア王国もヴァチカンを、それぞれ独立の国として承認し、1870年以来の関係を

■ラテラノ条約に調印するガスパッリ枢機卿（左）と
ムッソリーニ（右）

改善しました。

ピウス11世の時代はロシアに社会主義政権が成立し、ドイツやイタリアなどでファシズム勢力が台頭する、教会にとっても危機の時代でした。

ピウス11世は極端な共産主義嫌いで、共産主義を痛烈に批判しました。ドイツでヒトラーが権力を握ると、教会の立場を守るためとはいえ、ナチスドイツとコンコルダート（政教協約）を結び、ヒトラーは自らの宣伝にも使います。驚いた教皇はナチスと袂《たもと》を分かちました。イタリアのムッソリーニ政権にも批判的立場を表明しようとしましたが、1939年初めに急逝します。第2次世界大戦が始まるのはその7カ月後のことでした。

## 平和への訴えも聞き入れられず、再び世界大戦へ

ピウス12世（在位1939〜1958）は、ピウス11世の教皇代理としての経験を活かし、世界に対し積極的に発言しました。1939年9月の独ソ両国によるポーラ

ンド侵攻を批判、この年のクリスマスには「平和への5カ条」を発表しました。そこでは、キリスト教徒としての精神の堅持、全ての国の権利の尊重、完全武装解除、少数派の権利の尊重、平和のための国際裁判所の設立が謳われましたが、これを聞き入れる国はありませんでした。

ピウス12世は、戦後、非常に厳しい批判を浴びました。600万人というユダヤ人がホロコーストによって命を落としたことに対して、直接の抗議をしなかったためです。しかし、これは評価が難しい問題です。もし、露骨なナチス批判を行っていたら、多くのキリスト教徒に対し迫害が生じたでしょう。

一方、彼はローマなどでは組織をあげてユダヤ人を救済しました。司祭に命じ、4000人余りのユダヤ人を教会や修道院に匿い、命を救いました。

救済したから免責されるわけではありませんが、普遍的な存在であるローマ教皇の苦しみが明らかにされたといえるかもしれません。

戦後、イタリアは共和国となり、教皇はこれを受け入れました。このことは、ローマをはじめ、しばしば貴族ともいわれるイタリアの都市の有力者による政治支配が終わったことを意味します。また、教皇は海外布教にも力を入れます。同時に、ラジオやテレビを通じてキリスト教精神を広くアピールしました。テレビ画面に映し出された彼の禁欲的な姿は効果をあげたといわれています。

## 第2ヴァチカン公会議で開かれた教会へ

新教皇ヨハネス23世（在位1958〜1963）は76歳の高齢で選ばれ、人々の期待度は低かったのですが、「世紀の大改革」に着手しました。まず即位の3カ月目に第2ヴァチカン公会議の開催を決意します。

これは普仏戦争で中断した第1ヴァチカン公会議の再開でした。第2次世界大戦後という困難な状況の中で、教会の直面する問題に正面から取り組もうとしたものでした。世界の5大陸から司教・大司教が集まったことも画期的でした。

ヨハネス23世は開会の翌1963年に亡くなりますが、パウルス6世（在位1963〜1978）が引き継ぎ、1965年の閉会まで取り仕切りました。

この会議は、16世紀、宗教改革に対抗したトリエント体制以来の大転換となりました。会議の統一テーマは「信教の自由」でした。第1ヴァチカン公会議に際し、ピウス9世は「誤謬表」を発表し、近代合理思想を批判しましたが、今回は「慈悲をもって世界の問題に対応する」姿勢をアピールしました。

さらに、聖職者はもちろん世界80カ国以上の政府が派遣した使節が列席していたことも注目されます。開かれた教会を志向している表れとみることができます。

公会議では多くの問題が議論されました。特に注目されるのは、教会の統一を目指す「エキュメニズム」とキリスト教以外の宗教の「信教の自由」が扱われたことです。ローマ教会はカトリックの優位性を捨てて、全ての宗教の融和を図っていこうとする方針ですが、実現は容易ではありません。

第2ヴァチカン公会議の決定では対応できない新しい問題も出てきています。ヨーロッパにおけるキリスト教離れの事態です。科学技術の発達や人間の意識変化はカトリックの伝統と根底的なところで対立します。

教会はEUの憲章に「キリスト教はヨーロッパ文明のバックボーン」という文言を入れることを要求しましたが、フランス語の「ライシテ（宗教と政治の完全分離）」の原則により拒否されました。

# 第27章

# 複雑化する中東

## イスラエル建国とアメリカの支援

カトリック教会にとって、ユダヤ人とアメリカの関係は取り扱いが難しいものです。ユダヤ人はユダヤ教を信仰しています。アメリカはプロテスタントの力が強く、カトリック教会は20世紀になっても危険視されることも多かったのです。アメリカ国内でユダヤ人やカトリック教徒が増えたことにより、アメリカとカトリックとの関係はかえって微妙になりました。さらに、アラブ・イスラム勢力とキリスト教との関係は、深刻なものになります。

## ソ連の動きがアメリカと教皇庁を近づけた

アメリカは建国以来、プロテスタントが多数派を占める国家でした。しかし19世紀半ばにアイルランド人が、後半にはイタリア人が多く移住し、カトリック教徒が増えてきます。また、ヨーロッパでの差別を逃れてアメリカに移ってくるユダヤ人が増え、数の上ではプロテスタントが多いとはいえ、カトリック教徒が政治力を強めていきます。

19世紀を通じてアメリカとローマ教皇は対立してきました。過去にはアメリカと教皇領（ローマを含めたイタリア中央部）の通商上の必要から、アメリカはローマに領事を派遣、教皇はアメリカ初の司教を任命しています。

１８４８年、ヨーロッパ世界の安定を背景に、アメリカもローマと外交関係を持つことになります。しかし、国内で大きな反対が起きます。さらに、１８７０年に教皇領がイタリア王国に併合されると、領事は帰国。教皇が「ヴァチカンの囚人」になっため、両者の関係は断絶します（第24章参照）。

第1次世界大戦後、ソ連を嫌う教皇庁の方から水面下でアメリカへの働き掛けが積極化します。後にピウス12世になる枢機卿パッチェリとフランクリン・D・ローズベルトが接近し、大統領の個人特使としてマイロン・テイラーをローマに派遣しました。

第2次世界大戦後、ピウス12世とトルーマン大統領の個人的な関係は親密でした。しかし、カトリックに対するアメリカ国内のプロテスタントの不信感は強く、トルーマンもアイゼンハワーもヴァチカンとの関係に二の足を踏みました。カトリック教徒のジョン・F・ケネディが大統領に当選した時も、ローマの圧力が強まるという理由で、ヴァチカンとの国交樹立は実現しませんでした。

ニクソン、フォード、カーターの大統領時代にはローズベルト同様に個人特使が派遣されていましたが、レーガン時代になって大転換します。折しも教皇は「闘士」ヨハネ・パウロ2世（在位1978〜2005）の時代でした。両者はポーランドの「連帯」支援のための協力強化を約束、1984年に大使館が開設され、正式に大使が派遣されました。ソ連はアメリカとローマの仲人になったようなかたちでした。

# シオニズム運動とイスラエル建国

ヨーロッパでは中世から近代にかけてユダヤ人への迫害が続いていました。18世紀になると、ユダヤ人の財力に注目した一部国家でユダヤ人にも市民権が開放されるようになります。

反ユダヤ主義に理念的に終止符を打ったのはフランス革命でした。しかし19世紀になると、「反セム主義」という、人種的にユダヤ人は劣等民族であるという、意味のない偏見が広まります。

反ユダヤ主義と反セム主義の本質は同じユダヤ人蔑視なのですが、19世紀のヨーロッパではそれが堂々とまかり通っていました。フランスで起きたドレフュス事件（第23章参照）はその典型でした。

ロシアでは1881年、皇帝アレクサンドル2世の暗殺事件が機となって反ユダヤ感情が高まり、ユダヤ人迫害（ポグロム）が行われます。このとき多くのユダヤ人はアメリカに逃れます。同時にエルサレムに移ったユダヤ人もいました。

■エルサレム旧市街

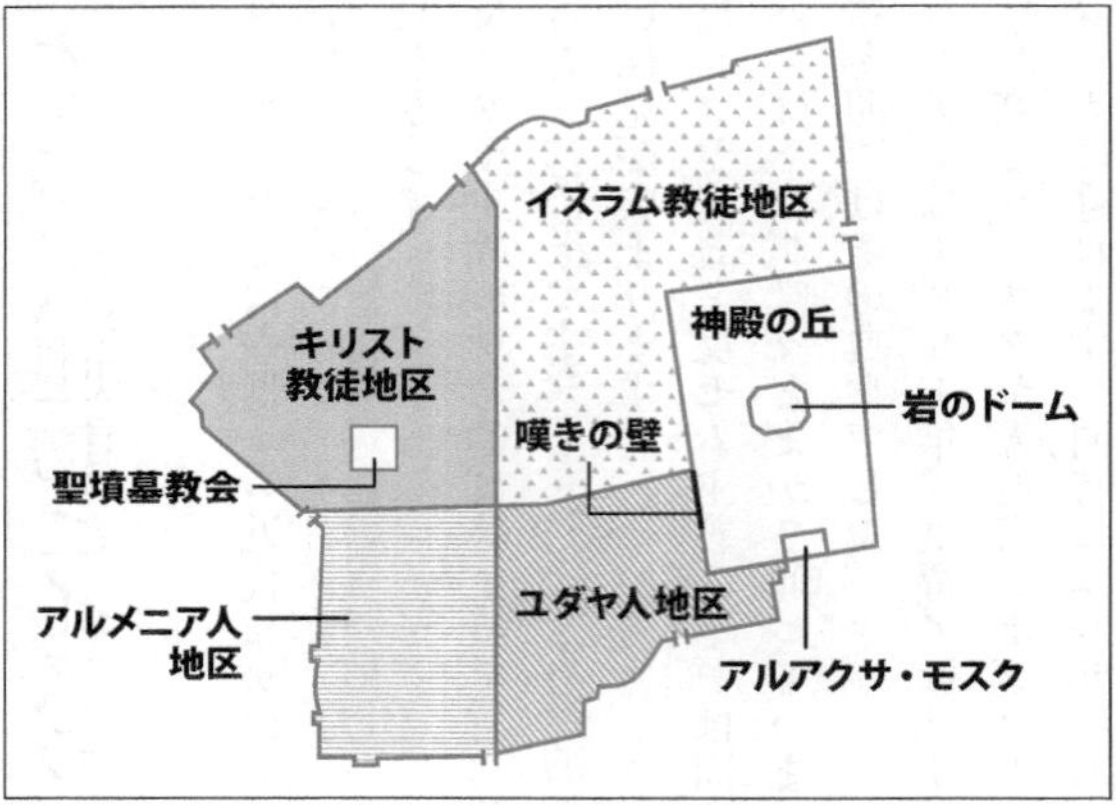


このような状況を背景にシオニズム運動が始まり、パレスチナに移るユダヤ人が増えます。ナチスドイツによるホロコーストは、ユダヤ人の約束の地への復帰と祖国イスラエル建国の気持ちを決定的にしました。

中東の地は第1次世界大戦中、イギリス・フランス・ロシアが分割を約束しましたが、戦後、イギリスとフランスが委任統治領として分け合いました。第2次世界大戦後、ユダヤ人はイギリスやアラブと戦いながら国連の分割案を受け入れ、イスラエルを建国しました。周辺のアラブ国家との戦争が本格化します。

いわゆる中東戦争は1948年、19

56年、1967年、1973年と4回にわたって行われ、イスラエルは着実に領土を拡大していきました。この4回で戦いが終わったわけではなく、イスラエルは態勢をより強固にし、イスラエル国内に住むパレスチナ人の立場は悪化しています。

## 自由の国の人々

19世紀以降、ユダヤ人はアメリカにも多く移住しました。アメリカにおいてはユダヤ人にも市民的平等が保障されました。ヨーロッパでユダヤ人が受けてきた差別に比べると、アメリカでの差別は小さく、彼らは持ち前の才覚によって台頭していきました。

アメリカにおけるユダヤ人の人口は2パーセントですが、大富豪の30パーセントをユダヤ人が占めているという数字があります。ユダヤ人の団結心と巨大な資金が一体化して政治に反映されると、政治家も親イスラエル政策をとらざるを得ません。少なくとも反イスラエルはタブーになります。宗教と政治は現実には分離が難しいのです。

ユダヤ人にとって、追い風もありました。アメリカはプロテスタントが建国した国です。儀式を重視するカトリックに対して、プロテスタントは聖書の精神に戻ることを目指します。その精神を継承しているアメリカ人は、さらにその姿勢を深める中でユダヤ教の精神に注目します。それが政治的には親イスラエルの立場に反映されます。

もう1つ、アメリカ人がユダヤ人に親近感を抱く歴史的背景があります。旧大陸から新大陸に渡った祖先の行動が、バビロン捕囚など、漂泊を強制されたユダヤ人の歴史と重なるのです。こじつけのような感じもしますが、アメリカとイスラエルの接近の背景には、このような感覚があると思います。

## ローマ教皇とユダヤ・イスラム世界

キリスト教世界は、ユダヤ人に対し長い間迫害・差別を行ってきました。さらに、反ユダヤ主義は反セム主義と名前を変え、差別が続いていました。

第2次世界大戦における、ナチスドイツのユダヤ人虐殺についても、教皇庁は全く介入できませんでした。こうした関係に大きな変化が生まれたのが1960年代の中頃です。

第2ヴァチカン公会議（第26章参照）は、会期の最後の年（1965年）にユダヤ教とキリスト教の正しい関係のあり方について、「非キリスト教的諸宗教に関する宣言」を発表しました。

この宣言では、キリスト教とユダヤ教が持つ共通の遺産を正しく認め、ユダヤ人にイエス処刑の罪を負わせないことを明確にしました。これはユダヤ人とキリスト教会の関係改善の大きな一歩になりました。もちろん、ユダヤ人に対する偏見・差別は反福音的として退けられました。

会議途中に亡くなったヨハネス23世を継いだパウルス6世は、公会議がなお継続されている1964年にイスラエルを訪問しました。エルサレムはキリスト教にとってもユダヤ教にとっても、そしてイスラム教にとっても聖地です。また、エルサレムを訪問したからといって、問題が全て片付くわけではありません。イスラエルとの国交の樹立そのものが問題になります。

外交関係は1994年に樹立されます。しかし、イスラエル建国以前からこの地の教会が持つ財産問題などについての話し合いは進んでいません。

また、もう1つの大問題が、第2次世界大戦中の教皇ピウス12世に関わるものです（第26章参照）。ローマはピウス12世を「福者（聖者に次ぐ位）」に列したかったのですが、ユダヤ人からすればホロコーストを黙認した、許しがたい人物でした。このような問題を巡り話し合いが行われましたが、解決しませんでした。

ヨハネ・パウロ2世は教会が犯してきた過去の罪について謝罪に熱心でした。その中でもユダヤ人がイエスを裏切ったということに端を発する数々のユダヤ人への迫害や差別などを謝罪しました。教皇として初めてローマのシナゴーグを訪問し、ユダヤ教への接近を図りました。

さらに、2000年にはエルサレム訪問も果たしています。

最後にもう1つ、イスラム教との関係についても教会は悩みを抱えています。キリスト教の神学者の中には、カトリック神学とシーア派神学の共通点を指摘する人がいます。

実際、ムハンマドの宗教的遍歴を考えれば両者に多くの共通点があるのは不思議ではありません。しかし、現実に両者の前に立ちはだかる壁は簡単には崩せません。

キリスト教世界では、いわゆる十字軍以外でも、ことあるごとに「十字軍」という言葉が使われてきました。２００１年、アメリカで起きた同時多発テロに際し、ジョージ・W・ブッシュ大統領が「十字軍」という表現を使ったことはまだ記憶に新しいと思います。

こうしたキリスト教世界の対応がイスラム世界に不信感を抱かせ、「文明の衝突」といった認識の拡大に拍車をかけます。

そして、ユダヤ人の国家イスラエルをアメリカが支援していることが、現代の大きな問題になります（第30章参照）。

# 第28章

# 東の王が求めるものとは

## 中国・韓国における布教活動

★

現代中国の宗教は、キリスト教に限らず厳しい環境に置かれています。憲法で「信教の自由」が保障されていますが、政府が公認しない教会は活動できません。宗教は人間の生きる支えになってくれる教え、という範囲で考えていたら何も問題は起きないのでしょうが、宗教が内包する社会的な性格を無視して考えることはできません。ときには国家を超えた力を持つために、為政者は宗教に敏感にならざるを得ません。

## 教皇がイエズス会に解散宣告

中国がキリスト教と初めて接したのは、唐（618〜907）の時代でした。西方では異端となったネストリウス派が中央アジアを経由し中国に伝えられました。中国では景教と呼ばれ、8世紀後半に長安に建立された「大秦景教流行中国碑」は、その隆盛の証しとしてよく知られています。

元時代の中国にも多くの宣教師が訪問しました。大航海時代、海外布教熱が高まり、中国も魅力的な布教先でした。多くの宣教師が中国を訪問しましたが、日本以上に中国（明〜清の時代）の壁は厚いものでした。中国には伝統思想の儒教があります。孔子崇拝が行われており、儒教を信奉しながらキリスト教徒になることはできませんでした。

イエズス会は、孔子崇拝や祖先への祭祀など中国の伝統を認めるだけでなく、中国の思想にある天帝といった概念をキリスト教の神と同じであるとしました。

これに対して、ドミニクス派などは反対し、フランシスコ会などは偶像崇拝として教皇庁に訴えました。これが「典礼論争」です。

当時は、ヨーロッパ各国でもイエズス会の強引ともいえる行動に批判が高まっていました。こうしたことも重なり、1773年、教皇クレメンス14世はイエズス会の解散を命じました。その後、中国でのキリスト教布教は低迷しました。しかし、中国とロシアの関係は一部では続いていたので、ロシア正教が広まっていきました。

イエズス会の解散の後も、中国の信者は徐々に増えていましたが、清の雍正帝時代に完全に禁圧されました。

その一方で、絵画や学術などの才能を持った宣教師は北京の居住が認められました。康熙帝・雍正帝・乾隆帝の3帝に使えたカスティリオーネ（郎世寧）はその代表です。

その後、アヘン戦争・アロー戦争の敗北によって、中国はキリスト教の布教を受け入れることになります。

今日、中国政府がキリスト教に対してかたくなな態度を取るのは、19世紀の歴史的屈辱が一因になっているのかもしれません。

# 太平天国の乱・義和団の乱

中国ではしばしば農民の反乱が起きます。その中でやや特殊な性格を持つのが太平天国の乱です。指導者である洪秀全は、プロテスタント系の一派の影響を受けて反乱軍を指揮し、十数年にわたって清朝を揺るがしました。

中国にいたヨーロッパ人は、キリスト教徒としてこの反乱を支援すべきかどうかで迷います。最終的に、反乱軍がヨーロッパの利権を侵すものであることがわかると、英国軍人のゴルドンは欧米が組織した常勝軍を率いて反乱鎮圧に協力しました。反乱の渦中、アロー戦争（第2次アヘン戦争）が起き、その結果、キリスト教布教の自由や宣教師の保護が約束されました。

これにより、中国でのキリスト教宣教師の活動が盛んになります。彼らが行った食料の給付をはじめとする救貧政策は貧しい人々に喜ばれ、信者を増やしていきました。

一方で、キリスト教徒が増えていくことに対して、中国の伝統主義者の間では危機感が大きくなってきます。それは仇教運動（教案ともいいます）となり、キリスト教会への攻撃になって表れました。

義和団は反キリスト教の集団で、清朝は義和団を利用して外国勢力を排除しようとしました。このためのスローガンが「扶清滅洋」でした。義和団の反乱は日本やロシアなど8カ国連合軍によって鎮圧されました。

辛亥革命後、中華民国が成立しました。その中華民国はヴァチカンとの国交を1942年に樹立、政府が台湾に移ってからもその関係は続きました。

大陸部では1949年に中華人民共和国が成立しますが、司教任命権をめぐりヴァチカンと対立、1951年、両者の国交が断絶しました。現在、多少は話し合いが行われているようですが、基本的に両者に国交は成立していません。

## 国家の安定と宗教

中国は建国から70年ほど、グローバル経済の中に踏み出してからは半世紀も経っていません。指導者としては、大躍進の失敗、文化大革命による混乱といった建国以来の歴史への反省から、安定した国家建設を全てに優先させているようにみえます。

そのような中国にキリスト教が入ってくれば、摩擦が生じることは容易に予想されます。ローマ教皇は世俗の皇帝と首位権・聖職叙任権を争い続けてきました。この争いを歴史上の問題、過去のこととして眺めるのであれば問題ありません。しかし、今日的意味を持つようならば、一党独裁体制を採用している現代中国にとって由々しき問題が起こるのは必定です。

カトリック教会の頂点に立つのは教皇です。中国に教会が建設され、その司教が中国政府の管理下になかったとしたら、中国には2つの政府ができることにもなりかねません。

今日の中国でも「隠れキリシタン」の存在がいわれています。実態がわからないからこそ「隠れ」になるのですが、いつの日か中国でも「浦上崩れ」(第20章参照)が起きないとも限りません。中国の体制にとっては、おいそれと信教の自由は認められないことでしょう。

ということで、ヴァチカンと中国の国交はまだ実現していません。

# 韓国で迫害されたキリスト教

韓国のキリスト教徒はカトリックよりプロテスタントが多く、30パーセント前後、仏教徒や儒教の信奉者数より多いそうです。人口で1パーセント余りの日本とは、比較になりません。

韓国とキリスト教の出会いは、秀吉の朝鮮出兵の時、従軍したキリシタン大名の小西行長に同行したチャプレン（従軍聖職者）としてイエズス会司祭が付き添ったことに始まり、行長が養女にした朝鮮人女性が最初のキリスト教徒になったという説があります。

また、中国でイエズス会のマテオ・リッチなどが活躍した頃、韓国にもキリスト教文書が伝えられたともいわれています。

韓国にキリスト教が拡大したのは18世紀後半以降です。儒教社会の下で、身分制度に不満を持っていた民衆がキリスト教に傾倒していきます。危機感を持った政府はキリスト教を弾圧します。

19世紀初めの辛酉教獄《しんゆうきょうごく》で多くの殉教者を出したことから始まり、1846年には、上海で朝鮮人最初の司祭になった金大建が朝鮮に密入国して、捕らえられ、信徒100人余りとともに処刑される丙午《へいご》教獄が起きました。

1866年には、密入国していたフランス人宣教師9人が8000人余りの信徒とともに処刑される丙寅《へいいん》教獄が起きるなど、迫害は続きました。

19世紀後半からプロテスタント系が積極的な宣教活動を行います。この頃、梨花女子大学の前身が設立されます。

日本の統治時代は、日本の支配層に利用された勢力と、反日・反植民地主義を貫いた勢力がありました。

朝鮮戦争の後、朝鮮半島は南北に分断されます。北のキリスト教徒はほぼ消滅、南ではアメリカが占領したこともあって、キリスト教徒が増えます。併せて、多くの宣教者が韓国から世界に向かっていることも特徴です。

第29章

# 東欧革命と空飛ぶ教皇

## 無神論社会の出現と新たな課題

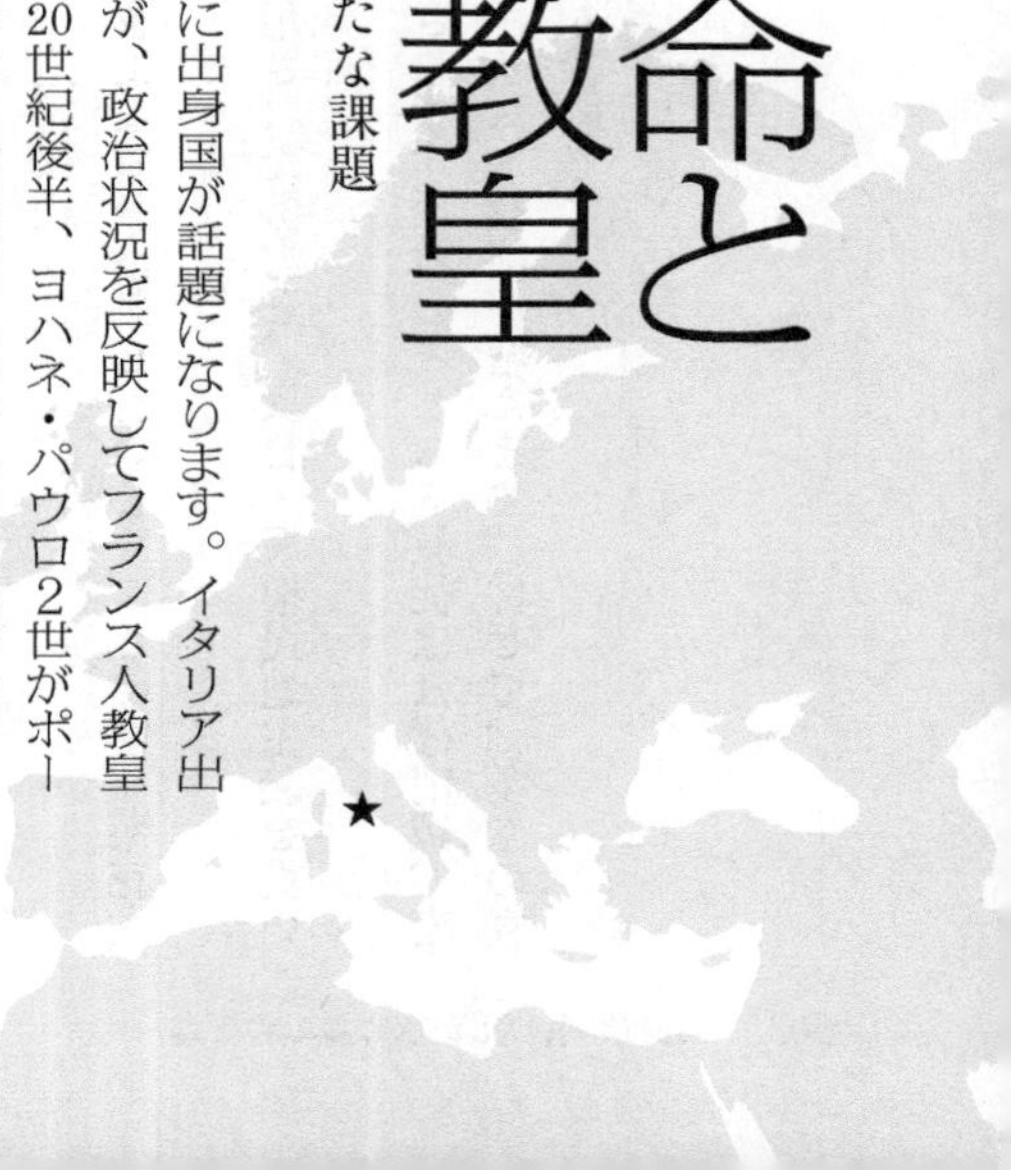

ローマ教皇の選出のたびに出身国が話題になります。イタリア出身者が圧倒的に多いのですが、政治状況を反映してフランス人教皇が続いたこともあります。20世紀後半、ヨハネ・パウロ2世がポーランド出身であったことは非常に意味深いものでした。無神論者として教会が戦い続けてきた共産主義国家の崩壊に、教皇も一役買っていたからです。

## 無神論社会の出現

カトリック教会は、ガリレオ裁判の例を出すまでもなく、近代的な自由主義思想に対して、かたくななまでに拒否反応を示してきました。とりわけ、社会主義思想のような無神論の立場は、キリスト教のみならず宗教の根幹を否定するものであり、異端や異教の問題以上に、絶対に認められるものではありませんでした。

第1次世界大戦末期に起きたロシア革命は社会主義革命で、結果成立したソ連（ソヴィエト連邦）は、教会にとっても大きな脅威になりました。

ソ連では、教会や修道院の破壊や教会領の没収など厳しい弾圧が加えられ、体制に協力する者だけが存在を許されることになりました。それでも信仰を続ける人々が多かったため、政府もある程度の妥協を行い、教会関連の出版物が認められるようになりました。

カトリック教会はローマ教皇を頂点に、世界中に広がる巨大な中央集権的組織を持っていますが、東方正教会（ギリシャ正教）の世界は異なります。

東方正教会は、東ローマ帝国（ビザンツ帝国）のギリシャ正教を元にしています。その後ロシアなどに伝えられていき、それぞれの国家の「国教」になりました。東方正教会には「ローマ教皇」のような頂点に立つ存在はなく、ロシア正教会やセルビア正教会、ルーマニア正教会のように、国別に自立しています。それぞれの国王（皇帝）と総主教（各国の教会の一番のまとめ役）の関係は基本的には良好で、聖職叙任権闘争も、教会改革の動きもありませんでした。

信仰は瞑想的傾向が強く、典礼は香や音楽、光による演出が巧みに行われています。また、イコン（聖像画）が儀式の補助として、大切な役割を果たしています。

東方正教会では、各正教会の独立性が強く、「1民族（国家）1教会」が原則です。それぞれの頂点に立つ総主教の権限は巨大です。彼らの上に立つ存在がないため、各正教会がナショナリズム的傾向を強く持つことが多くなります。各国の政治的問題が反映され、正教会同士の関係を微妙なものにしています。

## 共産主義と戦う教皇

教皇ピウス11世（在位1922〜1939）は、ソ連と戦い続けた教皇でした。ロシア革命勃発の翌1918年、ポーランドに教皇代理として派遣され、ソ連・ポーランド戦争中の1920年、ボリシェヴィキ軍がポーランドに侵入した時もワルシャワに留まりました。ポーランドの独立を擁護し、ソ連に対抗し、ポーランド人に深い感銘を与えました。

そして1922年に、ベネディクト15世を継いでピウス11世として教皇に選出されます。1925年、ポーランドとのコンコルダート（政教協約）で、ポーランドではカトリックが国教的地位を獲得します。

第2次世界大戦が始まった1939年、ピウス11世に代わったピウス12世（在位1939〜1958）は大戦中のナチスやユダヤ人への対応から戦後厳しい批判にさらされます（第26章参照）が、反共主義を貫きました。

大戦末期の1943年、モロッコのカサブランカでアメリカ・イギリスの首脳による会談が行われました。続いてイランのテヘランで行われた会談にはソ連のスターリンが参加し、東欧諸国がソ連の影響下に置かれることが話し合われました。ピウス12世は「共産主義をヨーロッパにはびこらせることになるばかげた政策だ」と激しく批判したとされます。

1945年のヤルタ会談に際しては、アメリカとイギリスに対して強く圧力をかけました。しかし、東欧諸国はソ連の衛星国になりました。社会主義化が強制され、集団の利益が優先される社会となり、信仰の表明も認められず、市民は抑圧され続けました。

特にポーランドやハンガリー、ユーゴスラビア（当時）西部地域（現在のクロアチア）はカトリック教徒が多く、ソ連側でもそのネットワークには危機感を持っており、各国の司教などは厳しい弾圧を受けました。

# 世界を駆け巡る教皇

ローマ教皇ヨハネ・パウロ2世（在位1978〜2005）は1920年、ポーランド南部クラクフの生まれで、本名はカロル・ユゼフ・ヴォイティワです。

1939年、ナチスドイツとソ連のポーランド侵攻が彼の人生を変えていきます。神学者としても優秀だった彼は、1964年にはクラクフ大司教になり、さらに枢機卿にも任命されます。彼はソ連と共産党の圧迫に対抗する「闘士」として国外で名を馳せていきます。

彼は1522年に選出されたハドリアヌス6世以来、実に456年ぶりになる非イタリア人教皇です。ちなみにハドリアヌス6世はオランダの出身です。ヨハネ・パウロ2世はポーランド出身者としてはもちろんのこと、スラブ系としても初めての教皇です。

ヨハネ・パウロ2世が就任した翌年、親ソ政権が揺らいでいたアフガニスタンにソ連が圧力を加え、軍事介入するという事件が起きました。東欧諸国にとっては、1968

年にチェコスロバキアで起きた「プラハの春」がワルシャワ条約機構軍によって武力弾圧された、過去の悪夢がよみがえったことでしょう。

このような世界情勢の中、彼は祖国のことも含めて、教皇受諾演説で、全世界に信仰を届けるという強い決意を示しました。実際、彼は「空飛ぶ教皇（空飛ぶ聖座）」の異名を持ち、歴代教皇で最も広く世界を駆け巡りました。訪問した国家は100以上に及び、その中には日本も含まれています（1981年）。

教皇就任の翌年にヨハネ・パウロ2世は祖国ポーランドを訪問します。そのときの演説で、自らもかつてソ連の脅威の下で自由を模索してきた経験から発した「恐れるな」の言葉は、翌1980年、ワレサ議長が率いる「連帯（自主管理労働組合）」運動に大きな刺激を与え、ポーランドひいては東欧諸国の民主化を一歩前進させました。見方によっては、東欧革命からソ連崩壊の流れは、彼のこの一言から始まったともいえるかもしれません。

ソ連を頂点にする東欧諸国は危機感を持ち、教皇暗殺を企てたといわれています。翌1981年、サン・ピエトロ広場でヨハネ・パウロ2世は銃撃されました。犯人はトルコ人で、KGB（国家保安委員会）の関与をほのめかしましたが、詳しいことはわかっていません。銃弾は奇跡的に急所を外れたため、教皇は一命を取り留めました。教皇が狙撃された年、ソ連の圧力によりポーランドには戒厳令が敷かれます。1956年の反ソ連暴動、ポズナニ蜂起が思い起こされました。自国が動揺しているソ連にとって、衛星国ポーランドの新しい動きは絶対に阻止しなければなりませんでした。

しかし、アフガニスタン侵攻の行き詰まりにより、ソ連の体制はいよいよ末期的症状となります。この難局を乗り切るため、ゴルバチョフが最高指導者となり、改革（ペレストロイカ）を始めます。

しかし、彼の改革は、保守派（共産党支持者）の反対によって挫折しました。ゴルバチョフの改革はソ連よりも東欧世界で具体化されます。

1989年、ポーランドの選挙では「連帯」が圧勝、さらにこの年、実質的にベルリンの壁が崩壊しました。影響はソ連にも及びます。同年、ゴルバチョフがローマを訪問、ヨハネ・パウロ2世と会見するに至りました。これを「20世紀のカノッサの屈辱」と評する人もいます。そのゴルバチョフも1991年末に大統領を辞任、ソ連そのものが解体・消滅しました。

ローマ教皇にとっては最大の敵が姿を消したことになります。同時に、イスラム教やユダヤ教など異教世界との関係をいかに樹立していくかが教会にとっての大きな問題になってきます。

## 東西の和解へ向けて

東西教会の分裂は、1054年、ローマとコンスタンティノープルの代表がそれぞれを破門したことで決定したことがよく知られています（第10章参照）。背後には三位一体論やキリスト論（第5章参照）を巡る対立がありましたが、社会・政治制度や宗教的慣習の違いも大きく影響しました。

1960年代の第2ヴァチカン公会議の決定や、東西の政治の壁の崩壊、エキュメニズム（教会一致促進運動）とも相まって、教会間の和解が重要な問題となります。ヨハネ・パウロ2世にとって最後の願いは、中国とロシアとの関係の改善でした。特にロシアはポーランドの隣国でもあり、悲願でした。

ところでソ連崩壊後のロシアでは、破壊された教会や修道院などの再建や修復が進み、革命で処刑されたニコライ2世も殉教者として名誉を回復しました。

しかし、ソ連時代に教会が体制に協力したことへの市民の不信感は払拭されておらず、また、ロシア正教会側も、豊富な資金力を持つカトリック教会やアメリカ系プロテスタントが進出することに対して大きな危機感を持っています。

このようなロシア正教会との和解のためにも、ヨハネ・パウロ2世はロシア訪問を希望していましたが、願いはかないませんでした。いろいろな試みが行われました。「カザンの生神女」といわれる、ロシアの守護神として崇められてきたイコンが、教皇庁からロシア正教会に返還されたのもその1つです。

このイコンのオリジナルとされるものが20世紀初め、盗難に遭いました。その後、ポルトガルのファティマ聖堂に移り、ヨハネ・パウロ2世に献上されていたのです。イコンは、21世紀の初めになってロシア正教会に戻されました。これによって一挙に関係改善とまではいかないまでも、道は開かれたようです。

# 第30章

# 現代の教会

## 異色の教皇フランシスコの時代

現在、世界では70億を超える人間が様々な環境で、政治的・経済的・社会的な不安や不満を抱えて生きています。宗教者の果たす役割に期待が膨らむ一方で、宗教への不信感も大きくなっています。15億ともいわれるカトリック教徒の頂点に立つローマ教皇の発言は、キリスト教徒以外にも大きな影響を与えています。カトリック教会内にも保守派から穏健派まで様々な勢力が存在します。教皇はこの時代をどのように導いていくのでしょう。

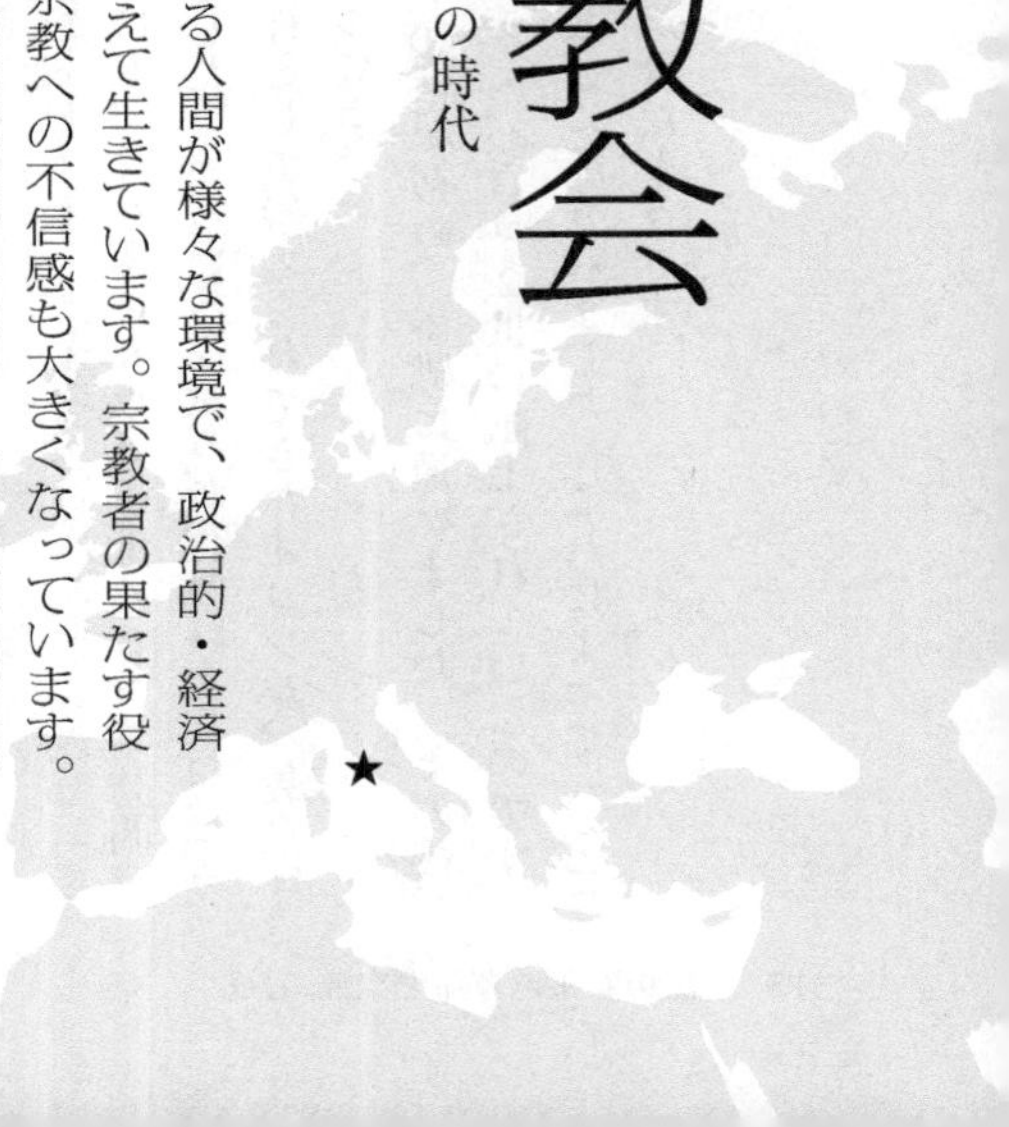

## 新たな時代の教皇を待ち受けるもの

ベネディクト16世（在位2005〜2013）は78歳の高齢ながら、ヨハネ・パウロ2世の側近として活躍してきた実績が買われて教皇に選出されました。

ドイツ人の教皇は、11世紀中頃、グレゴリウス7世の改革に先立って活躍したヴィクトル2世（第10章参照）以来です。ベネディクトの名は、第1次世界大戦中のベネディクト15世や、ヨーロッパ修道院の原点を築いた聖ベネディクトの業績を引き継ぐ意思の表れだといわれています。

ベネディクト16世の行動は、ヨハネ・パウロ2世を継承しているだけあって、活発でした。故郷のドイツをはじめ、ポーランドのアウシュヴィッツなど各地を訪問しました。アウシュヴィッツ訪問はヨハネ・パウロ2世に続き2人目になりますが、ドイツ人教皇としての訪問は意味深いものがあります。

トルコとイギリスへの訪問も注目されます。トルコはイスラム国家ですが、教皇のイスラム国家訪問は初めてのことでした。このとき、エルドアン首相はもちろん、ギリシャ正教会の総主教とも会見しました。

また、イギリスとは、16世紀にエリザベス1世が首長令でイギリス国教会を確立して以来、400年ぶりの関係改善となりました。

このベネディクト16世が自ら退位を申し出た原因はわかりません。年齢のため、職務に耐えられなくなってきたというのが一般には説明されていますが、もっと現実的な理由があったと思います。

近年になっても、教会を巡るスキャンダルや事件が次々に起きています。ヴァチカン銀行を巡る不正取引疑惑がありました。1975年にヴァチカン銀行の中心的取引銀行であるアンブロシアーノ銀行の頭取に就任したカルヴィは、アメリカやイタリアのマフィアやヴァチカン銀行の頭取などと組んで、マフィア絡みのマネーロンダリングや不正融資を行ったとされています。

1982年にはアンブロシアーノ銀行が破綻、その頭取のカルヴィが亡命先のロンドンで暗殺され、この事件を捜査していた警察関係者や、歴代の頭取秘書も死亡するなど不審な事件が起きています。全容は現在なお明らかになっていません。

また、アメリカやアイルランド、ドイツ、オーストラリアなどで起きた聖職者による児童への性的虐待も明るみに出ました。事件を隠そうとしていた教会の態度も問題となり、世間の目は厳しくなりました。

さらに、妊娠中絶や避妊あるいは同性愛やトランスジェンダーといった性的少数者の問題など、教会にとっては簡単に結論の出せない問題が山積しています。高齢の教皇にとって、こうした新しい問題に耐えることは困難だったのかもしれません。

なお、教皇の生前退位は、教会大分裂（グレート・シスマ）を終わらせるため1415年に退位したグレゴリウス12世以来です。また、自ら退位したのは1294年のケレスティヌス5世以来のことです。ケレスティヌスは、無理やり教皇に擁立され、事態が飲み込めないまま、教皇職に不向きなことを自覚し退位を申し出ました（第14章参照）。

## マイノリティの立場を重視する教皇

現教皇フランシスコ（在位2013〜）の本名はホルヘ・マリオ・ベルゴリオとい

います。1936年、南アメリカのアルゼンチンの首都ブエノスアイレスで生まれました。父親はイタリア系の移民で、母親もイタリア系移民の子供です。

アルゼンチンとイタリアといえば、19世紀後半、アミーチスの書いた『クオーレ』の一篇「アペニン山脈からアンデス山脈まで（母をたずねて三千里）」を思い起こす読者も多いのではないでしょうか。フランシスコの就任は、19世紀にイタリア人が移民として南北アメリカ大陸に渡ったその末裔が故国イタリアに「錦を飾った」ということにもなります。

ベルゴリオは22歳の時イエズス会に入り、聖職者を目指して哲学や神学の勉強を続けました。教化活動にも積極的に取り組んできました。アルゼンチンが活動の場でしたが、仕事ぶりが評価され、2001年、教皇ヨハネ・パウロ2世によって枢機卿に任命され、活動の場をローマに移します。

彼の質素な生活ぶりは評判となりました。ヨハネ・パウロ2世の死後のコンクラーヴェでは、ベネディクト16世として教皇に選出されるラツィンガー枢機卿と票を争いました。

そのベネディクト16世が生前退位した2013年、ベルゴリオは教皇に選出され、中世に多くの信者の支持を集めたアッシジの聖フランシスコ（第9章参照）にちなんで「フランシスコ」を名乗りました。

彼にはいろいろな面で「初めて」が付くのですが、教皇名のフランシスコから始まり（初めての名なので1世は付きません。後の教皇が同じ名前を名乗ると、1世が付きます）、アメリカ大陸出身であること、イエズス会士であることなど、異色ずくめの教皇となりました。

新教皇フランシスコを取り巻く環境は厳しいものでした。彼はアルゼンチン社会の貧困を直に見てきたため、あくまでも貧者の立場、あるいはマイノリティの立場での改革・政策を進めます。

本書の中でもたびたび触れていますが、どんな意見に対しても急進的立場をとる人、穏健な人、その中間的な立場の人など、様々な人々がいます。カトリック教会という2000年の歴史を持つ組織は、保守的で伝統を固く遵守してきたからこそ維持されてきたという一面があります。現代も「保守」勢力といわれる人々が多数いて、改革を嫌います。教皇フランシスコの行く手は楽観が許されているわけではありません。

# 聖俗の頂点、教皇と大統領

ローマ教皇とアメリカ大統領は、精神的な世界と世俗的な世界で頂点をなす存在です。

2017年12月、アメリカのトランプ大統領が、在イスラエルアメリカ大使館をテルアビブからエルサレムに移転し、エルサレムをイスラエルの首都と認定すると発表しました。

トランプ大統領の発言の背景には、議会と歴代大統領の応酬があります。1995年、アメリカ議会はエルサレムに大使館を移転する法律を制定しました。ただし、「安全保障上の問題」として、クリントン、ブッシュ、オバマ大統領は大統領権限で大使館移転の実施を先送りしてきました。また、人口の3割を占め、共和党支持者が多いとされる、福音派（聖書の教えを重視する保守的なプロテスタント）のロビー活動が影響しているともいわれています。

これまでイスラエルは、同国が事実上支配するエルサレムの東側を含めて、エルサレム全体を自国の首都だと主張してきました。

一方のパレスチナは、エルサレムの東側を将来の独立国家の首都としています。なお、キリスト教、ユダヤ教、イスラム教それぞれの聖地がある旧市街（第27章参照）は東エルサレムに含まれます。

日本を含む各国はエルサレムをイスラエルの首都と認めず、テルアビブに大使館などを置いています。

今回のトランプ大統領の発言は、パレスチナ側からすると、イスラエルによるエルサレム支配をアメリカが認めたということになります。

イスラエル国民やアメリカに暮らすユダヤ人は喜んでいるようですが、アメリカ国内にも当惑している人々が多くいるようです。

宗教上の問題は非常に微妙です。それに政治を絡めると、大問題になりかねません。緊張状況にある中東世界に、火に油を注ぐようなアメリカの行動には、多くの批判が出ています。

トランプ大統領の発言が中東問題の解決に寄与するとは思えません。巨大な権力を持つ国家の最高指導者なればこそ、発言は慎重でなければならないでしょう。

中東問題、首都認定問題の解決をローマ教皇にゆだねるのは難しいでしょうが、精神的世界で各地に大きな影響力を持つローマ教皇だからこそ、何かしらの提言も期待されています。

## 現代の教会

キリスト教の原点は聖書です。

聖書が書かれた時代から2000年近くの年月が経ってしまっている現代、当時の精神や科学知識、さらには社会の価値基準などからかけ離れているものが非常に多くなってきています。

現代社会では、貧困と格差、差別が大きな問題になっています。それらは資本主義の申し子のような一面があります。資本主義という仕組みを簡単に分析することはできませんが、資本主義によって、人間は伝統的な共同体を離れ、個人の才覚・力量で生きていくことができるようになりました。

資本主義は合理主義の精神が生み出したものですが、近年、その限界についても言及されています。だからといって合理主義的には説明できない世界に救いを求めるというのも、あまりに短絡的です。

スペイン北部、アルタミラの洞窟絵画に、人間らしさの発露があるという哲学的見解を聞いたことがあります。この絵が描かれた旧石器時代以来、あるいはその前から、人間というのはより良い生き方を模索し、これからも模索し続けるのでしょう。ローマ教皇の模索も続くことになるのでしょう。

## 現代の宗教分布

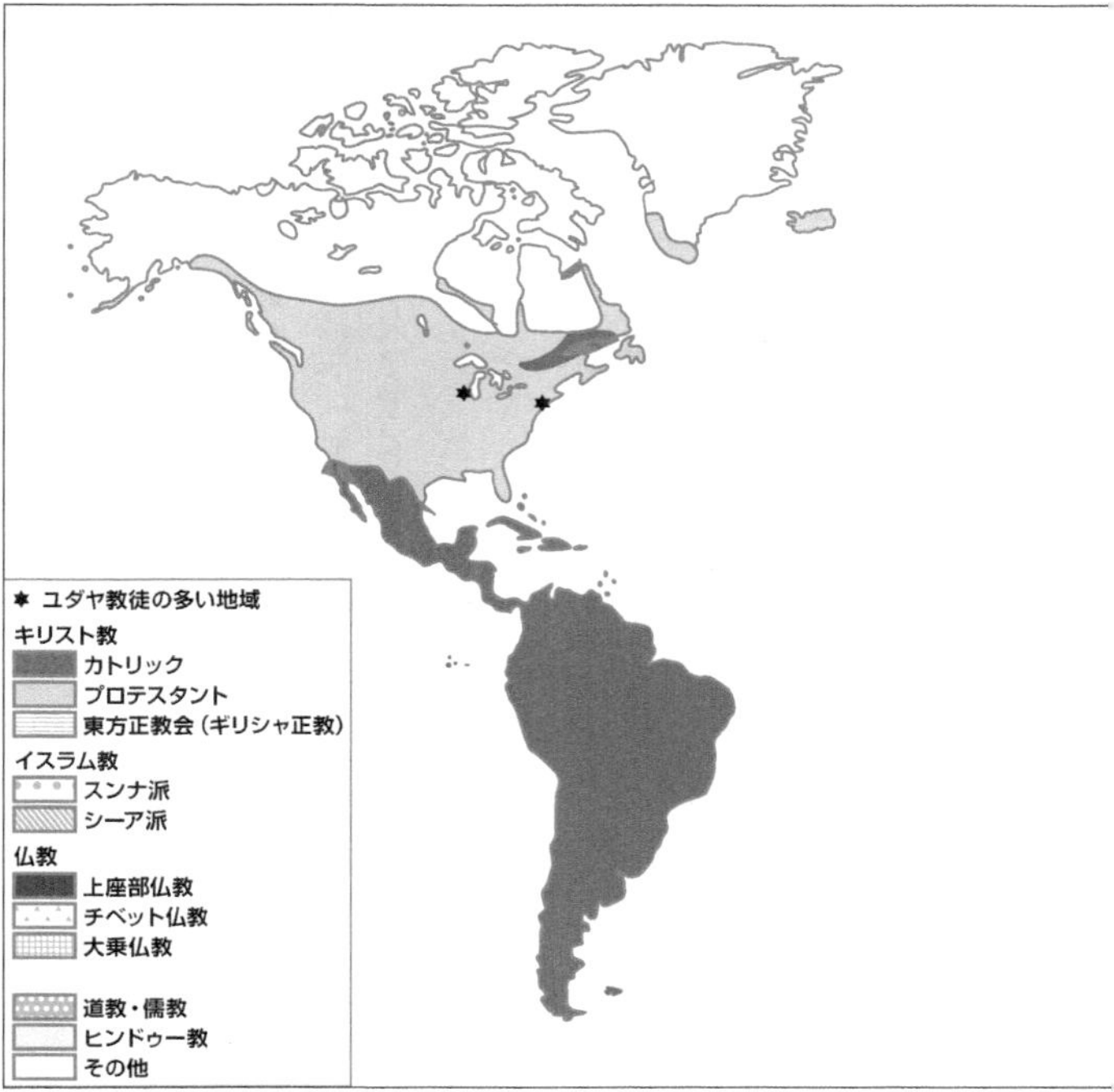
✡ ユダヤ教徒の多い地域
キリスト教
カトリック
プロテスタント
東方正教会（ギリシャ正教）
イスラム教
スンナ派
シーア派
仏教
上座部仏教
チベット仏教
大乗仏教
道教・儒教
ヒンドゥー教
その他

# あとがき

聖書は世界で一番のロングセラーであり、ベストセラーであるといわれています。15世紀にプレス式の活版印刷術が実用化された時、最初に量産されたのが聖書でした。

聖書を典拠に、膨大な量のキリスト教関連の書籍が出版されています。多くの日本人がキリスト教に目を向けるきっかけは、受験勉強などで、日本や世界の歴史を勉強したときではないかと思います。

自分自身の経験ですが、大学受験のために学んだり、予備校で受験生に教えたりする中で、キリスト教に関する多くの書籍に触れました。

しかし、私はそれらについて、「隔靴掻痒」「帯に短し襷《たすき》に長し」といった感想を抱きました。断片的に出てくる事項を読み、考えながら、自分がキリスト教について本当に知りたいことは、いったい何だろうという気持ちになりました。

やがて得た結論は、自分なりのキリスト教視点の世界史をまとめてみることでした。

これまでに世界史の本を執筆した経験を活かしつつ、かなりの本を参考にしましたが、正直なところ、それぞれの著者の価値基準の違いのようなものに混乱しました。それでも、自分の能力の範囲で、知りたかったことを書き出せたという気分です。

宗教関連の本は教義上の問題と政治上の問題が複雑に絡みあってきます。

世界史の授業を思い出してみてください。中世ヨーロッパにおけるキリスト教関連の事件で、印象に残っている言葉は、教皇が皇帝を破門し、皇帝が跪《ひざまづ》いた「カノッサの屈辱」ではないでしょうか。このような世俗世界（皇帝）と宗教世界（教皇）の葛藤は現在まで続いています。

また、同じく中世の、神とは何かといった論争から生まれた「スコラ哲学」も、今日の「政教分離」という問題に影響しています。

こういった世界史的な事項を、視点を変えて執筆してみて改めて驚いたことがあります。それは、カトリック教会の「保守性」です。言葉を変えれば「伝統重視」です。とことん筋を通す「教義」があったからこそ、そして、教義に忠実だった人々がいたからこそ、様々な思想や行動が生まれてきました。ヨーロッパ世界を中心に、キリスト教の果たしている意味は実に大きいと思います。

この本を執筆することで、教えられたものも多くありました。本書にはローマ教皇をはじめ、数多くの人物が登場します。志半ばで倒れる人、失敗する人もいます。しかし、人間はどんな失敗をしても、一歩一歩間に進んでいくことができるのではないでしょうか。

伝統は実績と時間の積み重ねの中に作られていきます。急激に変わっていく現代世界に生きる我々にとって、長い歴史を築いてきたローマ教皇の存在の意味は、考えてみる価値があります。

関　眞興

2018年1月

# 主要参考文献

日本聖書協会『聖書 新共同訳』１９８８年／アイヴァリー、A.（著）宮崎修二（訳）『教皇フランシスコ』明石書店、２０１６年／青山吉信（編）『世界歴史大系 イギリス史１』山川出版社、１９９１年／有賀貞・大下尚一・志邨晃佑・平野孝（編）『世界歴史大系 アメリカ史１』山川出版社、１９９４年／有賀貞・大下尚一・志邨晃佑・平野孝（編）『世界歴史大系 アメリカ史２』山川出版社、１９９３年／石川明人『キリスト教と戦争』中公新書、２０１６年／今井宏（編）『世界歴史大系 イギリス史２』山川出版社、１９９０年／ウィルケン、R.L.（著）大谷哲・小坂俊介・津田拓郎・青柳寛俊（訳）『キリスト教一千年史 上・下』白水社、２０１６年／上野景文『バチカンの聖と俗』かまくら春秋社、２０１１年／大貫隆・宮本久雄・名取四郎・百瀬文晃（編）『岩波キリスト教辞典』岩波書店、２００２年／小田内隆『異端者たちのヨーロッパ』NHKブックス、２０１０年／小田垣雅也『キリスト教の歴史』講談社学術文庫、１９９５年／カニンガム、L.S.（著）青木孝子（監訳）『カトリック入門』教文館、２０１３年／ギルバート、M.（著）白須英子（訳）『エルサレムの20世紀』草思社、１９９８年／上坂昇『神の国アメリカの論理』明石書店、２００８年／今野國雄・半田元夫・『世界宗教史叢書 キリスト教史Ⅰ・Ⅱ』山川出版社、１９７７年／森安達也『世界宗教叢書 キリスト教史Ⅲ』山川出版社、１９７８年／桜田美津夫『物語オランダの歴史』中公新書、２０１７年／柴田三千雄・樺山紘一・福井憲彦（編）『世界歴史大系 フランス史１・３』山川出版社、１９９５年／柴田三千雄・樺山紘一・福井憲彦（編）『世界歴史大系 フランス史２』山川出版社、１９９６年／ジョンソン、P.・

（著）石田友雄（監修）阿川尚之・山田恵子・池田潤（訳）『ユダヤ人の歴史 上・下巻』徳間書店、１９９９年／鈴木宣明『ローマ教皇史』教育社歴史新書、１９８０年／スターク、R.（著）櫻井康人（訳）『十字軍とイスラーム世界』新教出版社、２０１６年／関哲行・立石博高・中塚次郎（編）『世界歴史大系スペイン史１・２』山川出版社、２００８年／高橋裕史『イエズス会の世界戦略』講談社選書メチエ、２００６年／田川建三『イエスという男』作品社、２００４年／土井敏邦『アメリカのユダヤ人』岩波新書、２００２年／成瀬治・山田欣吾・木村靖二（編）『世界歴史大系ドイツ史１・３』山川出版社、１９９７年／成瀬治・山田欣吾・木村靖二（編）『世界歴史大系ドイツ史２』山川出版社、１９９６年／ノーマン、E.（著）百瀬文晃（監修）『ローマ・カトリック教会の歴史』創元社、２００７年／バラクロウ、G.（著）藤崎衛（訳）『中世教皇史』八坂書房、２０１２年／バンソン、M.（著）長崎恵子・長崎麻子（訳）『ローマ教皇事典』三交社、２０００年／深井智朗『プロテスタンティズム』中公新書、２０１７年／藤代泰三『キリスト教史』講談社学術文庫、２０１７年／マックスウエルースチュアート、P.G.（著）高橋正男（監訳）月森左知・菅沼裕乃（訳）『ローマ教皇歴代誌』創元社、１９９９年／松本宣郎『キリスト教徒が生きたローマ帝国』日本キリスト教団出版局、２００６年／ミリス、ルドー、J.R.（著）武内信一（訳）『天使のような修道士たち』新評論、２００１年／村岡健次・木畑洋一（編）『世界歴史大系 イギリス史３』山川出版社、１９９１年／村松剛『ジャンヌ・ダルク：愛国心と信仰』中公新書、１９６７年／ルイス、B.R.（著）樺山紘一（監修）高尾菜つこ（訳）ダークヒストリー『図説ローマ教皇史』原書房、２０１０年

〔画像出典〕

- 第2章（29ページ）ティツィアーノ「キリストの磔刑」© www.alinariarchives.it/amanaimages
- 第10章（113ページ）許しを請うハインリッヒ4世 © Heinz-Dieter Falkenstein/amanaimages
- 第15章（167ページ）ルター © UIG/amanaimages
- 第15章（167ページ）カルヴァン © Science Photo Library/amanaimages
- 第26章（281ページ）ラテラノ条約に調印するガスパッリ枢機卿とムッソリーニ © www.bridgemanimages.com/amanaimages

本書は書き下ろしです。

日経ビジネス人文庫

# キリスト教《きょう》からよむ世界史《せかいし》

2018年2月1日　第1刷発行
2024年12月19日　第5刷（新装版1刷）

著者
関 眞興
せき・しんこう

発行者
中川ヒロミ

発行
株式会社日経BP
日本経済新聞出版

発売
株式会社日経BPマーケティング
〒105-8308 東京都港区虎ノ門4-3-12

ブックデザイン
鈴木成一デザイン室

印刷・製本
大日本印刷株式会社

Printed in Japan　ISBN978-4-296-12400-8

nbb 好評既刊

## 30の戦いからよむ世界史 上・下

関 眞興

歴史を紐解けば、時代の転換期には必ず大きな戦いが起こっている。元世界史講師のやさしい解説で、世界の流れが驚くほど身につく一冊。

## ライバル国からよむ世界史

関 眞興

隣国同士はなぜ仲が悪いのか。中東紛争からロシアのウクライナ侵攻、日韓関係まで、代表的な20の事象から世界情勢をやさしく紐解く。

## 30の発明からよむ世界史

池内 了＝監修
造事務所＝編著

酒、文字、車輪、飛行機、半導体……私たちの身の回りのものにはすべて歴史がある。原始から現代までを30のモノでたどる面白世界史。

## 30の戦いからよむ日本史 上・下

小和田哲男＝監修
造事務所＝編著

体制や社会構造の変革期には必ず戦いが起こっている。読むだけで歴史の転機と流れがよく分かる『30の戦いからよむ世界史』の日本史版。

## 徳川軍団に学ぶ組織論

小和田哲男＝監修
造事務所＝編著

家康に天下を獲らせ、幕藩体制300年の礎を築いた徳川家臣団とはいかなる組織だったのか。知将・猛将たちのエピソードから学ぶ。

nbb 好評既刊

## 30の都市からよむ日本史

金田章裕＝監修
造事務所＝編著

仙台が「杜の都」になった理由、紙幣も発行していた今井、京と並ぶ文化都市だった山口──。30の街の歴史でたどる面白日本史。

## 60分で名著快読 論語

狩野直禎

謙虚に、どんな人からも学べ──。2500年前の孔子の言葉は、現代人に生きるための指針を示してくれる。論語の入門書に最適な一冊。

## 60分で名著快読 三国志

狩野直禎

三国志には参謀や戦略など、ビジネス人への多くの教訓が盛り込まれている。多彩なエピソードから、乱世を生き抜く知恵と計略を学ぶ。

## 60分で名著快読 マキアヴェッリ『君主論』

河島英昭＝監修
造事務所＝編著

国を組織、君主をリーダーに置き換えると『君主論』のエッセンスは現代でもそのまま有効だ。戦略・リーダー論の古典をわかりやすく紹介。

## 60分で名著快読 クラウゼヴィッツ『戦争論』

川村康之

戦略論の古典として『孫子』と並ぶ『戦争論』。難解なこの原典が驚くほど理解できる！ 読んで挫折した人、これから読む人必携の解説書。

nbb 好評既刊

## 近代文明の誕生

川勝平太

日本はいかにしてアジア最初の近代文明国になったのか？　静岡県知事にして、独自の視点を持つ経済史家が、日本文明を読み解く。

## 資本主義は海洋アジアから

川勝平太

なぜイギリスと日本という二つの島国が経済大国になれたのか？　海洋史観に基づいて近代資本主義誕生の真実に迫る歴史読み物。

## 昨日までの世界　㊤㊦

ジャレド・ダイアモンド
倉骨 彰＝訳

世界的大ベストセラー『銃・病原菌・鉄』の著者が、身近なテーマから人類史の壮大な謎を解き明かす。超話題作、待望の文庫化！

## 「豊かさ」の誕生　上・下

ウィリアム・バーンスタイン
徳川家広＝訳

西洋諸国の勃興から戦前・戦後の日本の成長、イスラム諸国の現在まで、格差を生み出す「豊かさ」の歴史を様々な視点から分析した大作。

## 米陸軍戦略大学校テキスト 孫子とクラウゼヴィッツ

マイケル・I・ハンデル
杉之尾宜生・西田陽一＝訳

軍事戦略の不朽の名著『孫子』と『戦争論』を大胆に比較！　矛盾点、類似点、補完関係を明らかにし、学ぶべき戦略の本質に迫る。